Carnot

François Arago

1854

© 2024, François Arago (domaine public)
Édition : BoD • Books on Demand GmbH, In de Tarpen 42, 22848 Norderstedt (Allemagne)
Impression : Libri Plureos GmbH, Friedensallee 273, 22763 Hamburg (Allemagne)
ISBN : 978-2-3225-4336-6
Dépôt légal : Août 2024

Carnot

Enfance de Carnot. — Son éducation

Entrée de Carnot à l'école de Mézières comme lieutenant en second du génie

Carnot, lieutenant en premier dans le service des places

Première communication entre Carnot et l'Académie des sciences. — Aérostats

Éloge de Vauban par Carnot. — Ses discussions avec M. de Montalembert

Essai sur les machines. — Théorème nouveau sur les pertes de force

Carnot homme politique, l'un des juges de Louis XVI

Carnot, membre du comité de salut public

Carnot chargé de l'organisation et de la direction de nos armées

Carnot sur le champ de bataille de Wattignies

Comptes rendus des opérations des armées

Carnot, nommé par quatorze départements, entre au conseil des Anciens, puis au Directoire exécutif. — Envoi de Hoche en Vendée, de Moreau et Jourdan sur le Rhin, et de Bonaparte en Italie

Publication de l'ouvrage intitulé : *Réflexions sur la métaphysique du calcul infinitésimal*

Carnot, fructidorisé, est obligé de prendre la fuite. — Il est rayé de la liste de l'Institut, et remplacé par le général Bonaparte

18 Brumaire. — Rentrée de Carnot en France. — Sa nomination au ministère de la guerre. — Sa démission. — Son passage au Tribunat

Publication de la *Géométrie de position*

Carnot inventeur d'un nouveau système de fortifications

Publication du traité de la défense des places fortes

Carnot académicien

Événements de 1813. — Carnot nommé au commandement d'Anvers

Conduite de Carnot dans les Cent Jours

Carnot dans l'exil. — Sa mort

Portrait de Carnot. — Anecdotes concernant sa vie politique et sa vie privée

CARNOT

BIOGRAPHIE LUE EN SÉANCE PUBLIQUE DE L'ACADÉMIE DES SCIENCES, LE 21 AOÛT 1837.

ENFANCE DE CARNOT. — SON ÉDUCATION.

Lazare-Nicolas-Marguerite Carnot naquit à Nolay (Côte-d'Or), dans cet ancien duché de Bourgogne qui déjà avait été le berceau de trois des plus grandes illustrations dont les académies puissent se glorifier : Bossuet, Vauban, Buffon. Son père était avocat et exerçait cette noble profession avec beaucoup de talent (ce qui n'est pas rare), avec un très-grand désintéressement (ce qui, dit-on, est un peu moins commun). L'avocat Claude-Abraham Carnot avait dix-huit enfants : ainsi, d'après le vieil adage qui promet la prospérité aux familles nombreuses, il dut compter sur un avenir heureux pour chacun de ses enfants. En effet, à une certaine époque, il eût pu voir, dans cette nombreuse lignée, deux lieutenants généraux des armées françaises ; un conseiller à la cour de cassation ; un procureur général de cour royale ; la directrice de l'hospice de Nolay ; un magistrat municipal fort estimé pendant qu'il administrait sa commune, plus estimé encore, s'il est possible, lorsque après vingt-trois années d'exercice il se fut soumis à une destitution brutale, plutôt que de manquer à son devoir. Il faut dire que en père tendre et prévoyant, l'avocat de Nolay ne s'était pas fié sans réserve à la puissance du proverbe et qu'il présida toujours personnellement à la première éducation de ses fils. Lazare Carnot, le sujet de cette Biographie, ne quitta même le toit paternel que pour aller, comme on disait alors, faire sa rhétorique et sa philosophie.

L'enfance des hommes privilégiés qui, à des titres divers, ont joué un rôle éclatant sur la scène du monde, a de tout temps fixé l'attention de tous les biographes. Le *connais-toi toi-même !* d'un ancien philosophe serait interprété, d'une façon par trop mesquine, si on se bornait à n'y voir qu'un conseil de prudence ; la maxime est susceptible d'une interprétation plus juste et plus large : elle nous présente, je crois, l'espèce humaine, envisagée dans son ensemble, comme le plus important sujet d'étude qu'en puisse se proposer. Ainsi, Messieurs, recherchons avec soin de quelle manière s'annoncent, naissent et grandissent ces intelligences extraordinaires qui, après leur entier développement, doivent se frayer des routes inconnues. Ces traits caractéristiques méritent d'être recueillis avec d'autant plus d'intérêt, qu'ils deviendront chaque jour plus rares. Dans nos écoles modernes, taillées, du nord au midi, de l'est à l'ouest, exactement sur le même patron ; soumises à des règles communes, à une discipline uniforme ; où les enfants d'ailleurs arrivent à l'âge de neuf à dix ans pour n'en sortir qu'à dix-huit ou vingt, les individualités s'effacent, disparaissent ou se couvrent d'un masque de convention. L'agronome se garde bien d'aller dans une serre chaude, quand il veut connaître la taille, la forme, le port de ces admirables plantes qui sont l'ornement des forêts séculaires. Ce n'est pas non plus dans nos régiments qu'on pourrait espérer de retrouver les vrais types des paysans bretons, normands, lorrains ou francs-comtois. Nos *écoles-régiments* (qu'on me passe l'expression) ne dérouteraient pas moins les moralistes. Là, il s'établit une sorte de moyenne autour de laquelle, avec de très-légers écarts, toute la jeunesse va aujourd'hui se grouper. Est-ce un bien, est-ce un mal ? Dieu me garde d'aborder ici une semblable question ; je dis seulement que c'est un fait, et ce fait expliquera pourquoi j'ai recueilli diverses particularités de l'enfance de notre confrère qui, sans cela, auraient pu sembler trop minutieuses.

Carnot n'avait encore que dix ans lorsque sa mère, dans un voyage à Dijon, l'emmena avec elle et, pour le récompenser de la docilité réfléchie qu'il montrait en toute circonstance, le conduisit au spectacle. On donnait ce jour-là une pièce où des évolutions de troupes, où des combats se succédaient sans relâche. L'écolier suivait, avec une attention soutenue, la série d'événements qui se déroulaient devant lui ; mais tout à coup il se lève, il s'agite et, malgré les efforts de sa mère, il interpelle, en termes à peine polis, un personnage qui venait d'entrer en scène. Ce personnage était le général des troupes auxquelles le jeune Carnot s'intéressait ; par ses cris, l'enfant avertissait le chef inhabile que l'artillerie était mal placée, que les canonniers, vus à découvert, ne pouvaient manquer d'être tués par les premiers coups de fusil tirés du rempart de la forteresse qu'on allait attaquer ; qu'en établissant au contraire, la batterie derrière certain rocher qu'il désignait de la voix et du geste, les soldats seraient beaucoup moins exposés. Les acteurs interdits ne savaient que faire ; madame Carnot était désolée du désordre que son fils occasionnait ; la salle riait aux éclats ; chacun cherchait dans sa tête l'explication d'une *espièglerie* si peu ordinaire ; et la prétendue espièglerie n'était autre chose que la révélation d'une haute intelligence militaire, le premier symptôme de cet esprit supérieur qui, dédaignant les routes battues, créait quelques années plus tard une nouvelle tactique ; et proposait de remplacer les fortifications si artistement, si ingénieusement combinées de Vauban, par un tout autre système.

De douze à quinze ans, Carnot suivit les cours du collège d'Autun. Il s'y fit remarquer par une tournure d'esprit vive, originale, et par une rare intelligence. Ensuite il entra au petit séminaire de la même ville. À seize ans, Carnot avait achevé sa philosophie. La fermeté que nous trouverons en lui, dans le cours de la plus orageuse carrière, était déjà alors le trait dominant de son caractère. Les timides professeurs du séminaire d'Autun en firent la pénible expérience, le jour où leur écolier devait soutenir sa thèse.

Cette cérémonie se passait toujours en public. D'après des règlements dont la libéralité semblerait aujourd'hui excessive à nos autorités universitaires, chaque auditeur avait le droit de faire des objections. La critique pouvait s'exercer également sur le fond et sur la forme. L'amour-propre du maître courait donc autant de risques que celui de l'élève, et la réputation d'un grand établissement se trouvait, de cette manière, à la merci d'un jeune étourdi. De là l'habitude de lancer les concurrents dans l'arène, escortés d'un mentor qui venait au secours de leur mémoire infidèle, qui, par un mot dit à propos, les ramenait dans la bonne voie dès qu'ils commençaient à s'en écarter, qui souvent même était entraîné à combattre pour son propre compte. Suivant ces *us et coutumes,* le corps enseignant du séminaire d'Autun se dirigeait déjà vers la salle des exercices ou un public nombreux était assemblé, lorsque le jeune Carnot signifia qu'il entendait monter seul en chaire ; qu'il ne voulait pas être accompagné d'un souffleur ; qu'il ne tenait aucunement au rôle qu'on lui avait assigné, et qu'il le jouerait seul ou ne le jouerait pas du tout. Cette résolution fut tour à tour combattue par la prière et par la menace, mais inutilement : il fallut bon gré, mal gré, se soumettre au caprice, sans antécédents, de l'écolier. Au reste, le plus éclatant succès le justifia bientôt, même aux yeux des professeurs irrités. Un incident assez étrange devait signaler la séance ; une dame, la femme d'un docteur en médecine, devint l'adversaire le plus redoutable du jeune rhétoricien : elle argumenta contre lui, en latin, avec une puissance de dialectique, avec une facilité, une grâce, une élégance d'expressions dont Carnot et l'auditoire furent d'autant plus étonnés, qu'aucune indiscrétion, jusque-là, n'avait même fait soupçonner que madame l'Homme eût porté ses lectures plus loin que la *Cuisinière bourgeoise*, l'*Almanach de Liége* et le *Petit Paroissien*.

Carnot s'était tellement pénétré, je ne dis pas seulement du principe religieux, mais encore, ce qui n'est pas la même chose, des minutieuses pratiques de dévotion scrupuleusement suivies au petit séminaire d'Autun, que plusieurs de ses parents eurent un moment la pensée de le faire entrer dans les ordres. Ils étaient fortifiés dans cette idée par le souvenir d'un grand nombre de dignitaires ecclésiastiques dont cette honorable famille pouvait se glorifier, et parmi lesquels figuraient des chanoines, des vicaires généraux du diocèse de Châlon, des docteurs en Sorbonne et un abbé de Cîteaux. La carrière du génie militaire prévalut cependant, et le jeune Carnot fut envoyé à Paris dans une école spéciale où il devait se préparer aux examens. Les camarades qu'il trouva dans cet établissement n'avaient certainement pas été élevés au séminaire ; car la piété profonde du nouvel écolier, et dont au reste il se serait bien gardé de faire mystère, devint le sujet de leurs continuels sarcasmes. Des sarcasmes ne sont pas des raisons : Carnot n'en fut donc point ébranlé ; mais il sentit le besoin de mûrir, par la réflexion et l'étude, des idées, des sentiments auxquels son âme candide et pure s'était jusque-là abandonnée avec charme et sans nulle défiance. La *théologie* devint ainsi, pendant quelques mois, l'unique occupation d'un *apprenti-officier*. Personne aujourd'hui ne pourrait dire quel fut l'effet de ces méditations ; car, à toutes les époques de sa vie, Carnot évitait soigneusement, même dans l'intimité du foyer domestique, les discussions, je dirai plus, les simples entretiens relatifs à la religion. Nous savons seulement qu'il professait des principes adoptés aujourd'hui par tous les esprits honnêtes et éclairés. « La tolérance universelle, » disait-il, lorsque, proscrit et errant sur une terre étrangère, il avait à repousser les traits acérés de la calomnie, « la tolérance universelle, voilà le dogme dont je fais hautement profession... J'abhorre le fanatisme, et je crois que le fanatisme de l'irréligion, mis à la mode par les Marat et les père Duchêne, est le plus funeste de tous. Il ne faut pas tuer les hommes pour les forcer à croire ; il ne faut pas les tuer pour les empêcher de croire ; compatissons aux faiblesses d'autrui, puisque chacun a les siennes, et laissons les préjugés s'user par le temps, quand on ne peut pas les guérir par la raison. »

Après la théologie, les études scientifiques, celles surtout de la géométrie et de l'algèbre, eurent leur tour, et comme à Nolay, comme à Autun, les succès furent rapides et éclatants. M. de Longpré, directeur de l'École préparatoire, connaissait d'Alembert. L'illustre géomètre ne dédaignait pas d'aller, parmi de très-jeunes écoliers, encourager de son suffrage le mérite naissant. Dans une de ses visites, il distingua particulièrement Carnot, et lui adressa de flatteuses, de prophétiques paroles, que notre confrère répétait avec émotion, même aux époques où la fortune l'avait rendu un des arbitres des destinées de l'Europe.

Ne serait-ce pas ici, Messieurs, le lieu de regretter que, dans notre société, telle qu'un demi-siècle de révolutions l'a faite, les relations personnelles qui s'établissaient jadis entre les professeurs et les élèves d'élite des grandes écoles aient totalement disparu, qu'elles soient même, en quelque sorte, devenues impossibles ? L'instant marqué par les programmes voit aujourd'hui arriver des savants, des littérateurs illustres, dans de spacieux amphithéâtres. La foule les y attend. Pendant des heures entières, tout ce que la science, tout ce que les lettres offrent de profond, de subtil, de nouveau, est développé avec méthode, avec clarté, avec éloquence ; mais la leçon finie, le professeur se retire, sans même savoir les noms de ceux qui l'ont écouté. Cependant, au milieu d'un semblable auditoire (je me bornerai, Messieurs, à une seule citation), Fourcroy trouvait, dans un jeune garçon apothicaire venu furtivement pour l'entendre, le collaborateur dévoué, exact, infatigable, ingénieux, qu'à ces traits-là chacun de vous a déjà nommé : il découvrait Vauquelin !

ENTRÉE DE CARNOT À L'ÉCOLE DE MÉZIÈRES COMME LIEUTENANT EN SECOND DU GÉNIE.

Lorsque Carnot quitta l'établissement de M. de Longpré, l'ordonnance en vertu de laquelle un généalogiste concourait avec un géomètre à l'examen des futurs officiers du génie n'était pas en vigueur. En 1771, tout Français pouvait encore, sans montrer de parchemins, être admis à l'École de Mézières, à la condition toutefois que ses père et mère n'eussent pas tenté d'enrichir leur famille et leur pays par le commerce ou par un travail manuel. Le jeune aspirant montra, devant l'examinateur Bossut, des connaissances mathématiques peu communes. Son père, suivant les tristes exigences de l'époque, prouva de son côté que jamais un de ses navires n'avait été en de lointains pays échanger les fruits du sol français, de l'industrie française contre des productions réservées par la nature à d'autres climats ; que ses mains n'avaient point combiné les caractères mobiles de Gutenberg, fût-ce même pour reproduire la Bible ou l'Évangile ; qu'il n'avait personnellement concouru à l'exécution d'aucun de ces instruments admirables qui mesurent le temps ou sondent les profondeurs de l'espace.

Après la preuve légale de tous ces mérites négatifs, le jeune Carnot fut déclaré d'assez bonne maison pour porter l'épaulette, et il reçut, sans retard, celle de lieutenant en second.

Décoré de cette épaulette tant désirée, Carnot, âgé alors de dix-huit ans, se rendit à l'École du génie. Là, sous les auspices de Monge, il cultiva sans doute la géométrie descriptive et les sciences physiques avec ses succès habituels ; mais, il faut l'avouer, nous en sommes réduits sur ce point à de simples conjectures ; car, en poussant à l'extrême le désir naturel de dérober aux étrangers la connaissance, alors peu répandue, de l'art d'élever et de détruire les fortifications, on avait fait de la célèbre École de Mézières une sorte de conclave dont nul profane ne pénétrait jamais les secrets.

CARNOT, LIEUTENANT EN PREMIER DANS LE SERVICE DES PLACES.

Le 12 janvier 1773, Carnot, devenu lieutenant en premier, fut envoyé à Calais. Les travaux d'une place où les oscillations périodiques de l'Océan ajoutent une condition nouvelle et importante aux données, déjà très-compliquées par elles-mêmes, du problème de la fortification, intéressèrent vivement le jeune officier. Il franchit ainsi, sans encombre, le passage ordinairement si pénible des théories savantes à une pratique fastidieuse, des brillantes illusions dont on se berce dans les écoles aux tristes réalités de la vie.

Le *Mémorial de Sainte-Hélène* dit que, dans sa jeunesse, « Carnot passait parmi ses camarades pour un original. » Cette qualification, Napoléon l'avait empruntée à Carnot lui-même ; je la trouve dans la réponse à Bailleul, mais expliquée, mais commentée, mais dépouillée de ce vague qui permet de la considérer à volonté comme un compliment ou comme une injure. Carnot à vingt ans était, pour les officiers de la garnison de Calais, un *original* ou un *philosophe* (de ces deux mots l'un valait l'autre), parce qu'il ne s'associait ni à leur turbulence, ni à aucune de leurs fredaines ; parce qu'il vivait dans les bibliothèques plus qu'au café ; parce qu'il lisait Thucydide, Polybe, César, de préférence aux ouvrages licencieux de l'époque ; parce que, s'il avait d'intimes relations avec le commandant général de la Picardie, le prince de Croy, c'était non pour obtenir des permissions, des allégements de service, mais pour l'aider dans des recherches géographiques délicates, pour travailler à des cartes de l'hémisphère sud, où devaient figurer les dernières découvertes des navigateurs. Carnot, cependant, n'était rien moins qu'un censeur morose. Sévère envers lui-même, il avait pour les autres un fonds d'indulgence inépuisable. Ses moments de loisir ou de délassement, il les employait à composer de petits vers, empreints toujours d'une gaieté douce et de bonne compagnie. Citer des chansons dans la biographie d'un géomètre, c'eût été certainement une nouveauté ; ce faible mérite, tout à ma portée, a failli me séduire ; un peu de réflexion m'y a fait renoncer. Depuis qu'un grand poëte a mis, chez nous, son cachet immortel sur ce genre de composition, une chanson ne doit plus être citée à la légère.

PREMIÈRE COMMUNICATION ENTRE CARNOT ET L'ACADÉMIE DES SCIENCES. — AÉROSTATS.

La première communication directe entre Carnot et l'Académie des sciences (ce fait sera une nouveauté pour tout le monde) fut amenée par un problème qui non-seulement n'a pas encore été résolu, mais dont la solution paraît impossible à beaucoup de physiciens : *le problème de la direction des aérostats.*

Les découvertes scientifiques, celles même dont les hommes pouvaient espérer le plus d'avantage, les découvertes, par exemple, de la boussole et de la machine à vapeur, furent reçues, à leur apparition, avec une dédaigneuse indifférence. Les événements politiques, les hauts faits militaires, jouissent exclusivement du privilége d'émouvoir la masse du public. Il y a eu, cependant, deux exceptions à cette règle. Sur cette seule indication, chacun de vous a déjà nommé l'*Amérique* et les *aérostats*, Christophe Colomb et Montgolfier. Les découvertes de ces deux hommes de génie, si différentes, jusqu'ici, dans leurs résultats, eurent, en naissant, des fortunes pareilles. Recueillez, en effet, dans la *Historia del Almirante*, les marques de l'enthousiasme général que la découverte de quelques îles excita chez l'Andalous, le Catalan, l'Aragonais, le Castillan ; lisez le récit des honneurs inouïs qu'on s'empressait de rendre, depuis les plus grandes villes jusqu'aux plus petits hameaux, non-seulement au chef de l'entreprise, mais encore aux simples matelots des caravelles la Santa-Maria, la Pinta et la Niña, qui les premières touchèrent les rives occidentales de l'Atlantique, et dispensez-vous ensuite de chercher dans les écrits de l'époque quelle sensation les *aérostats* produisirent parmi nos compatriotes : les processions de Séville et de Barcelone sont l'image fidèle des fêtes de Lyon et de Paris. En 1783, comme deux siècles auparavant, les imaginations exaltées n'eurent garde de se renfermer dans les limites des faits et des probabilités. Là, il n'était pas d'Espagnols qui, sur les traces de Colomb, ne voulût, lui aussi, aller fouler de ses pieds des contrées où, dans l'espace de quelques jours, il devait recueillir autant d'or et de pierreries qu'en possédaient jadis les plus riches potentats. En France, chacun, suivant la direction habituelle de ses idées, faisait une application différente mais séduisante de la nouvelle faculté, j'ai presque dit des nouveaux organes, que l'homme venait de recevoir des mains de Montgolfier. Le physicien, transporté dans la région des météores, prenant la nature sur le fait, pénétrait enfin, d'un seul regard, le mystère de la formation de la foudre, de la neige, de la grêle. Le géographe, profitant d'un vent favorable, allait explorer, sans danger comme sans fatigue, et ces zones polaires que des glaces amoncelées depuis des siècles semblent vouloir dérober pour toujours à notre curiosité, et ces contrées centrales de l'Afrique, de la Nouvelle-Hollande, de Java, de Sumatra, de Bornéo, non moins défendues contre nos entreprises par un climat dévorant que par les animaux et les peuplades féroces qu'elles nourrissent. Certains généraux croyaient se livrer à un travail urgent en étudiant les systèmes de fortification d'artillerie qu'il conviendrait d'opposer à des ennemis voyageant en ballon ; d'autres élaboraient de nouveaux principes de tactique applicables à des batailles aériennes. De tels projets, qu'on dirait empruntés à l'Arioste, semblaient assurément devoir satisfaire les esprits les plus aventureux, les plus enthousiastes ; il n'en fut pas ainsi, cependant. La découverte des aérostats, malgré le brillant cortége dont chacun l'entourait à l'envi, ne parut que l'avant-coureur de découvertes plus grandes encore : rien désormais ne devait être impossible à qui venait de conquérir l'atmosphère ; cette pensée se reproduit sans cesse ; elle revêt toutes les formes ; la jeunesse s'en empare avec bonheur ; la vieillesse en fait le texte de mille regrets amers. Voyez la maréchale de Villeroi : octogénaire et malade, on la conduit presque de force à une des fenêtres des Tuileries, car elle ne croit pas aux ballons ; le ballon toutefois se détache de ses amarres ; notre confrère Charles, assis dans la nacelle, salue gaiement le public, et s'élance ensuite majestueusement dans les airs. Oh ! pour le coup, passant, et sans transition, de la plus complète incrédulité à une confiance sans bornes dans la puissance de l'esprit humain, la vieille maréchale tombe à genoux, et, les yeux baignés de larmes, laisse échapper ces tristes paroles : « Oui, c'est décidé, maintenant, c'est certain ; ILS trouveront le secret de ne plus mourir, « *et ce sera quand je serai morte !* »

Carnot, d'un esprit sévère, et d'ailleurs il n'avait pas quatre-vingts ans, se garda bien d'aller aussi loin que la maréchale de Villeroi. Il se fit remarquer cependant parmi les enthousiastes. Il croyait alors, il a toujours cru depuis à la *possibilité* de diriger les ballons, et conséquemment aux applications que les sciences et l'art de la guerre en avaient espérées. Les archives de l'Académie doivent renfermer un Mémoire où le capitaine du génie Carnot soumettait à ses maîtres un dispositif de rames légères qui, suivant lui, devaient conduire au but. Ce Mémoire n'a pas encore été retrouvé. Je continuerai mes recherches, et si le travail me semble pouvoir ajouter à la réputation de notre confrère, le public n'en sera pas privé. Peut-être y joindrai-je un Mémoire du même genre, également inédit, d'un autre académicien, de l'illustre Meunier.

ÉLOGE DE VAUBAN PAR CARNOT. — SES DISCUSSIONS AVEC M. DE MONTALEMBERT.

Certaine société littéraire d'une très-petite ville s'était jadis qualifiée, de sa pleine autorité, de *fille de l'Académie française*. Voltaire ne voulait pas qu'on lui refusât ce titre : « Je la tiens même, disait-il, pour une fille très-vertueuse, puisque jamais elle n'a fait parler d'elle. »

L'épigramme n'eût pas été applicable à l'Académie de Dijon. Cette Société célèbre ne fuyait les regards du public, ni lorsqu'elle mit en question : « Si le rétablissement des sciences et des arts avait contribué à épurer les mœurs, » ni surtout lorsqu'elle couronna le discours où Jean-Jacques se prononçait pour la négative. Le temps a fait bonne justice du paradoxe ; mais il n'a pas dû effacer le souvenir du procédé généreux qui, en donnant à Rousseau une célébrité inattendue, l'attacha pour toujours à la carrière brillante dans laquelle il a trouvé des émules, des rivaux, mais point de maître.

Au titre que je viens de rappeler, l'Académie de Dijon peut ajouter encore celui d'avoir fait naître la première production de Carnot dont la presse se soit emparée : l'*Éloge de Vauban*.

L'intrépidité, le désintéressement, la science de l'illustre maréchal, avaient déjà reçu, par la bouche de Fontenelle, un hommage auquel il semblait difficile de rien ajouter. Quels discours, en effet, pourraient plus dignement caractériser une vie militaire que ces quelques chiffres : « Vauban fit travailler à 300 places ; il en éleva 33 neuves ; il conduisit 53 sièges ; il s'est trouvé à 140 actions de vigueur. » Et ces autres paroles ne semblent-elles pas empruntées à Plutarque ? « Les mœurs de Vauban ont tenu bon contre les dignités les plus brillantes et n'ont pas même combattu. En un mot, c'était un Romain qu'il semblait que notre siècle eût dérobé aux plus heureux temps de la République ! »

L'éloge d'où ces deux passages sont tirés m'avait toujours paru si éloquent, si vrai, qu'au moment où, pour la première fois, je trouvai un discours sur Vauban parmi les productions de notre confrère, je me surpris à maudire de toute mon âme le programme académique qui, se jouant de l'inexpérience d'un jeune homme, l'avait exposé à une redoutable comparaison. En vérité, je n'aurais pas été plus inquiet si j'eusse découvert que Carnot avait essayé de refaire *la Mécanique* de Lagrange, *Athalie*, ou les *Fables* de La Fontaine. Ces craintes étaient exagérées. Les membres bourguignons de l'Académie de Dijon eurent raison de penser que le Bourguignon Vauban pouvait encore devenir un intéressant sujet d'étude, après le brillant portrait tracé par Fontenelle. Et, en effet, le secrétaire de l'Académie des sciences avait prudemment laissé dans l'ombre l'un des plus beaux côtés de l'illustre maréchal.

L'éloge de Vauban, sous la plume d'un officier du génie, semblait devoir consister principalement dans une appréciation exacte des moyens de défense et d'attaque dont l'illustre maréchal a doté l'art de la guerre. Ce ne fut pas cependant le plan qu'adopta Carnot. C'est surtout par les qualités du cœur, par les vertus, par le patriotisme, que Vauban lui semblait digne d'admiration : « C'était, s'écriait-il, un de ces hommes que la nature donne au monde tout formés à la bienfaisance ; doués, comme l'abeille, d'une activité innée pour le bien général ; qui ne peuvent séparer leur sort de celui de la République, et qui, membres intimes de la société, vivent, prospèrent, souffrent et languissent avec elle. »

Le prince Henri de Prusse assistait à la séance de l'Académie de Dijon dans laquelle l'éloge de Vauban fut lu et couronné. Il exprima, dans les termes les moins équivoques, tout le plaisir que ce discours lui avait fait ; il assura l'auteur, verbalement et par écrit, de sa profonde estime. Piqué d'émulation, le prince de Condé, qui présidait l'assemblée comme gouverneur de la Bourgogne, enchérit encore sur les marques de bienveillance que le jeune officier du génie recevait du frère de Frédéric le Grand.

Carnot avait-il donc encensé les préjugés nobiliaires ? Ses principes de 1784 étaient-ils tellement différents de ceux qui depuis ont dirigé toutes ses actions, que le suffrage des grands ne pût pas lui manquer ? Écoutez, Messieurs, et prononcez !

La *Dîme royale*, cet écrit qui, sous Louis XIV, amena l'entière disgrâce de Vauban, dont Fontenelle eut la prudence de ne pas même citer le titre dans l'émunération des travaux de l'illustre maréchal, Carnot l'appelait un exposé simple et pathétique des faits ; un ouvrage où « tout frappe par la précision et la vérité ». La répartition des impôts, en France, paraît *barbare* au jeune officier ; la manière de les percevoir *plus barbare encore*. D'après lui, le véritable objet d'un gouvernement est d'obliger au travail tous les individus de l'État ; le moyen qu'il indique pour arriver à ce résultat serait (je cite textuellement) de faire passer les richesses, des mains où elles sont superflues, dans celles où elles sont nécessaires. Carnot s'associe sans réserve à ce précepte de Vauban : les lois devraient prévenir l'affreuse misère des uns, l'excessive opulence des autres ; il s'élève contre l'odieuse multiplicité des priviléges dont les classes les plus nombreuses de la population avaient alors tant à souffrir ; enfin, après avoir partagé les hommes en deux catégories, les travailleurs et les oisifs, il va jusqu'à dire de ces derniers, dont suivant lui on s'est exclusivement occupé en constituant les sociétés modernes, qu'*ils ne commencent à être utiles qu'au moment où ils meurent, car ils ne vivifient la terre qu'en y rentrant*. Telles sont, Messieurs, les hardiesses qu'une académie couronnait en 1784 ; qui dictaient à Buffon, qu'on n'accusera certainement pas d'avoir été un novateur en matière de gouvernement, ces paroles si flatteuses pour le lauréat : « Votre style est noble et coulant ; vous avez fait, Monsieur, un ouvrage agréable et utile ; » qui inspiraient au frère d'un roi absolu le désir d'attacher Carnot, dont il se déclarait l'*ami*, au service de la Prusse ; qui valurent au jeune officier la bienveillance du prince que Worms, Coblentz, peu d'années après, voyaient à la tête de l'émigration ! Qu'on ose ensuite appeler notre révolution de 1789 un effet sans cause, un météore dont rien n'avait dû faire prévoir l'arrivée ! Les transformations morales de la société sont assujetties à la loi de continuité ; elles naissent, grandissent, comme les produits du sol, par des nuances insensibles.

Chaque siècle développe, discute, s'assimile en quelque sorte des vérités ou, si l'on veut, des principes dont la conception appartenait au siècle précédent ; ce travail de l'esprit passe ordinairement sans être aperçu du vulgaire ; mais quand le jour de l'application arrive, quand les principes réclament leur part d'action, quand ils veulent pénétrer dans la vie politique, les intérêts anciens, n'eussent-ils à invoquer en leur faveur que cette même ancienneté, s'émeuvent, résistent, combattent, et la société est ébranlée jusque dans ses fondements. Le tableau sera complet, Messieurs, si j'ajoute que, dans ces luttes acharnées, ce ne sont jamais les principes qui succombent.

Carrot, comme je l'ai déjà remarqué, avait à peine effleuré dans son éloge la partie technique des travaux de Vauban ; mais, dans les quelques phrases qu'il écrivit à ce sujet, il s'avisa de dire que *certain vulgaire ignorant* se faisait de la fortification une idée erronée en la réduisant à l'art de tracer sur le papier des lignes assujetties à des conditions plus ou moins systématiques. Ces paroles, dans leur généralité, semblaient devoir passer inaperçues ; un malheureux concours de circonstances leur donna une importance qui n'était ni dans les prévisions, ni surtout dans les désirs de l'auteur. En 1783, un général d'infanterie, membre de cette académie, M. le marquis de Montalembert, publia, sous le titre de *Fortification perpendiculaire*, un système de défense des places entièrement nouveau. Ce système fut combattu à outrance par le corps presque tout entier du génie militaire. Le rejeton d'une illustre famille, l'officier général de l'armée française, l'académicien, pouvait assurément, sans trop de vanité, ne pas se croire compris dans le vulgaire ignorant que l'auteur de l'éloge avait signalé en passant ; mais M. de Montalembert s'obstina à s'appliquer ces expressions, et, pour se venger, il publia une édition de l'éloge de Vauban accompagnée de notes où l'offense, où l'outrage, étaient portés à leur comble. Il y avait dans ce pamphlet de quoi bouleverser mille fois la tête d'un jeune homme ; cependant, en cette difficile occurrence, Carnot se montra déjà ce qu'il a toujours été depuis : franc, loyal, et complètement insensible à des injures non méritées.

« Si vos soupçons étaient fondés, écrivit-il à son fougueux antagoniste, j'aurais méconnu les premiers devoirs de l'honnêteté, de la décence ; j'aurais manqué surtout aux égards infinis que les militaires doivent à un général distingué : croyez qu'il n'est aucun officier du génie qui n'apprît, avec le même plaisir, de M. le marquis de Montalembert, à bien fortifier les places, que du brave d'Essé à les bien défendre. »

On appréciera l'à-propos, la délicatesse de cette citation, quand j'aurai dit que le brave d'Essé, qui, en 1543, après plus de trois mois d'une résistance héroïque, obligea toutes les forces de l'Empereur à lever le siège de Landrecies, était un des ancêtres de M. de Montalembert.

La modération, la politesse, sont un moyen de succès presque infaillible contre la violence et l'outrage ; aussi, dans les luttes de la presse, faut-il souvent les envisager comme le simple résultat d'un calcul, comme une preuve d'habileté. Mais la lettre de Carnot ne permettait pas de se méprendre sur la sincérité de ses sentiments. Votre ouvrage, écrivait-il à celui qui venait de critiquer amèrement le fond, le style, je puis presque ajouter la ponctuation de son éloge, votre ouvrage *est plein de génie... Maintenant que vos casemates sont connues et éprouvées, la fortification va prendre une nouvelle face ; elle deviendra un art nouveau.* « Il ne sera plus permis d'employer les revenus de l'État à faire du médiocre, quand vous nous avez appris à faire du bon... Quoique le corps du génie n'ait point l'avantage de vous posséder, nous n'en croyons pas moins avoir le droit de vous compter parmi ses plus illustres membres. Quiconque étend nos connaissances, quiconque nous fournit de nouveaux moyens d'être utile à la France, devient notre confrère, notre chef, notre bienfaiteur. » M. de Montalembert ne résista pas à des témoignages d'estime si explicites, si flatteurs. Le désaveu le plus formel de la malencontreuse brochure suivit de près la réponse de Carnot ; d'autre part, il faut bien l'avouer, les chefs supérieurs du génie furent tellement irrités des éloges qu'un simple capitaine s'était permis de donner à des systèmes qu'eux avaient repoussés d'autorité, qu'une lettre de cachet et la Bastille apprirent à notre confrère qu'à la veille de notre grande Révolution, la liberté d'examen, cette précieuse conquête de la philosophie moderne, n'avait pas encore pénétré dans les habitudes militaires. Une semblable rigueur paraît inexplicable, alors même qu'on fait la plus large part aux exigences de l'esprit de corps et aux susceptibilités de l'amour-propre ; Carnot, en effet, tant dans son éloge que dans sa lettre à Montalembert, s'était montré le plus chaud défenseur de l'arme à laquelle il appartenait, et « qui fait profession, disait-il, de sacrifier son temps et sa vie à l'État. » Je le demande, celui-là avait-il donc méconnu les devoirs de sa position qui, appelé à mettre en balance les services de l'officier de troupes et ceux de l'ingénieur auquel est dévolu le dangereux honneur de tracer les parallèles, de commander la tranchée ou de diriger une tête de sape, s'exprimait si noblement : « L'officier du génie est au milieu du péril, mais il y est seul et dans le silence ; il voit la mort, mais il faut qu'il l'envisage avec sang-froid ; il ne doit point courir à elle comme les héros des batailles ; il la voit tranquillement venir ; il se porte où la foudre éclate, non pour agir, mais pour observer ; non pour s'étourdir, mais pour délibérer. »

J'aurais peut-être moins longuement insisté, Messieurs, sur ce fâcheux épisode de la vie de Carnot, s'il ne m'avait pas été donné de reconnaître moi-même combien de pareils temps sont loin de nous ; si accompagnant, dans la visite de quelques villes de guerre, nos officiers du génie les plus illustres, je n'avais vu, lorsqu'on discutait les améliorations dont ces places semblaient susceptibles, le simple sous-lieutenant opposer vivement et en toute liberté ses idées, ses réflexions, ses systèmes, aux opinions des généraux ; ne se rendre qu'après avoir été victorieusement réfuté, et sortir définitivement de cette lutte animée, non pas, comme jadis, pour aller à la Bastille, mais avec de nouvelles chances d'avancement.

Ceux à qui est dévolu le devoir de réclamer sans cesse les améliorations dont notre état social est susceptible, se décourageraient, Messieurs, si, quand l'occasion s'en présente, on ne montrait pas au public que leurs efforts ont quelquefois été couronnés de succès.

ESSAI SUR LES MACHINES. — THÉORÈME NOUVEAU SUR LES PERTES DE FORCE.

La première, je dirai plus, la principale production scientifique de Carnot, date de l'année 1783 ; elle est intitulée : *Essai sur les machines en général.*

Ceux-là se tromperaient beaucoup qui chercheraient dans l'essai de notre confrère la description technique ou l'étude spéciale d'une quelconque des machines simples ou composées dont les hommes ont su tirer tant d'avantages. Tel n'était pas, en effet, le but que l'auteur avait en vue.

Une machine, considérée dans sa plus grande généralité, est l'assemblage d'un nombre plus ou moins considérable de pièces fixes ou mobiles à l'aide desquelles les forces de toute nature produisent ordinairement des effets que leur action directe ne pourrait pas réaliser. Voyez, par exemple, le tailleur de pierre, la main sur la manivelle d'une machine bien simple, sur la manivelle du cric ou du treuil ; il renverse, il incline à sa convenance, il soulève jusqu'au faîte des plus hautes bâtisses d'énormes blocs que, sans cela, il ne parviendrait pas à déplacer de l'épaisseur d'un cheveu.

À la vue de ces effets, les ignorants crient à la merveille ; ils se persuadent que les machines multiplient les forces, et cette idée fausse, radicalement fausse, les jette dans des conceptions bizarres, ordinairement très-compliquées, qui enlèvent chaque année, en pure perte, d'immenses capitaux à l'agriculture, à l'industrie manufacturière et au commerce.

Dans une force, quelle qu'en soit la nature, ce qui doit s'apprécier en argent, ce que le fabricant achète à l'ingénieur, peut aisément se ramener à un effet très-simple et dont tout le monde a une idée nette. On suppose la force directement appliquée à l'élévation d'un poids ; on voit la hauteur à laquelle la force élève le poids dans un certain temps, et ces deux données de l'expérience, le poids et la hauteur, multipliées entre elles forment un produit qui est l'appréciation exacte de la force employée. Ce produit, en effet, pour un temps donné et pour une même hauteur d'élévation, ne peut pas augmenter ou diminuer sans que la force augmente ou diminue dans la même proportion ; en sorte, par exemple, que s'il devient double, triple, décuple, c'est que la force a doublé, triplé, décuplé.

Le produit qui donne la mesure directe d'une force, sert également à l'apprécier quand elle a exercé son action sur la résistance, par l'intermédiaire d'une machine ; eh bien, cette machine, douez-la par la pensée de toutes les perfections imaginables, et le produit du poids par la hauteur qu'il aura parcourue en un temps donné sera précisément égal à celui qu'on avait obtenu en opérant avec la même force, sans aucun intermédiaire. L'effet réel, disons mieux, l'effet convenablement envisagé d'une machine quelconque ne surpassera donc jamais celui que la force motrice était en état de produire naturellement. Si vous le voulez, vous pourrez sans doute, avec une machine, soulever des masses énormes, des millions, des milliards de kilogrammes par exemple ; mais puisque ce produit du poids par la hauteur doit rester constant, les quantités dont ces masses pourront être soulevées en une minute seront un million ou un milliard de fois plus petites que celles où votre main eût porte un seul kilogramme dans le même temps.

Chacun comprendra maintenant le véritable sens de l'aphorisme de mécanique : *Les machines font perdre en temps ou en vitesse ce qu'elles font gagner en force.* Qu'on me donne un point d'appui situé hors de la terre, s'écriait Archimède, et cette terre si grande, si massive, je la soulèverai à l'aide d'un levier par le seul effort de ma main. L'exclamation de l'immortel géomètre caractérisait merveilleusement les machines, en tant qu'elles donnent à l'homme le moyen de réaliser des effets qui, sans cela, seraient des milliards de milliards de fois au-dessus de sa force naturelle ; mais l'antiquité l'eût sans doute beaucoup moins admirée, si, analysant de plus près les phénomènes, comme nous venons de le faire, quelqu'un avait ajouté : Oui, sans doute, mathématiquement parlant, avec son point d'appui et son levier, Archimède soulèverait le globe ; mais, après quarante millions de siècles d'un effort continu, car un tel calcul ne dépasse pas aujourd'hui les limites de la science, le déplacement opéré serait à peine de l'épaisseur d'un cheveu.

Si la machine idéale, si la machine douée de toutes les perfections imaginables n'ajoute rien à la force qui la met en action, du moins elle ne lui fait rien perdre ; elle transforme les effets par équivalents rigoureux. Il n'en est pas de même d'une machine réelle : ici la puissance et la résistance communiquent entre elles à l'aide de pièces que nous supposions inflexibles et qui ne le sont pas ; à l'aide de chaînes et de cordages dont la raideur ne saurait manquer d'être nuisible ; les parties mobiles tournent d'ailleurs dans des collets, dans des crapaudines où s'opèrent de grands frottements : toutes ces causes réunies absorbent en pure perte une partie très-notable de la force motrice ; ainsi les effets d'une machine doivent toujours être inférieurs à ceux que la force eût engendrés en agissant directement sur les résistances.

Ces résultats de la théorie, confirmés d'ailleurs complétement par l'expérience, n'empêchent pas que, sous certains points de vue, telle ou telle machine ne puisse, sans paradoxe, être recommandée ; qu'elle ne soit utile, et même souvent indispensable. Des considérations de solidité ou d'ornement obligent, par exemple, de porter au sommet de certains édifices des blocs de pierre ou de marbre dont le poids dépasse les forces de l'ouvrier le plus vigoureux ; supprimez le treuil, supprimez les machines analogues, et un seul homme ne pourra plus exécuter le travail que l'architecte aura conçu ; il faudra réunir des milliers de bras sur un même point ; des espaces resserrés y mettront obstacle ; le *grand appareil* disparaîtra de tous les monuments d'architecture ; la porte triomphale, le palais, ne seront plus construits, comme la modeste chaumière, qu'avec de petits moellons.

Vous le voyez, Messieurs, il est des cas, nous ne saurions trop le répéter, dans lesquels, bon gré, mal gré, on doit se résigner à la perte de force qu'entraînent les machines, puisque sans leur secours certains travaux deviendraient inexécutables.

Les pertes de force qui dépendent de la flexibilité des matériaux dont les machines sont composées, de la raideur des cordes et du frottement, avaient été remarquées des plus anciens mécaniciens ; les modernes ont été plus loin : leurs expériences servent à apprécier ces pertes, à les évaluer en nombres avec une assez grande exactitude.

La science en était à ce point, lorsque Carnot publia son *Essai*. Dans cet ouvrage notre confrère, envisageant les machines, et même plus généralement tout système de corps mobile, sous un point de vue entièrement neuf, signale une cause inaperçue ou du moins imparfaitement analysée par ses prédécesseurs, et qui, en certains cas, doit aussi donner lieu à des pertes considérables ; il montre qu'on doit, à tout prix, éviter les changements brusques de vitesse. Carnot fait plus : il trouve l'expression mathématique de la perte de *force vive* que de pareils changements occasionnent ; il montre qu'elle est égale à la *force vive* dont tous les corps du système seraient animés, si on douait chacun de ces corps de la vitesse finie qu'il a perdue à l'instant même où le changement brusque s'est réalisé.

Tel est, Messieurs, l'énoncé du principe qui, sous le nom de *théorème de Carnot*, joue un si grand rôle dans le calcul de l'effet des machines.

Ce beau, ce précieux théorème est aujourd'hui connu de tous les ingénieurs ; il les guide dans la pratique ; il les garantit des fautes grossières que commettaient leurs devanciers.

Si je devais en faire sentir l'importance aux gens du monde, je dirais peut-être, malgré la bizarrerie apparente du rapprochement, que Carnot a étendu au monde matériel un proverbe dont la vérité n'était guère constatée que dans le monde moral ; que *beaucoup de bruit et peu de besogne* est désormais un dicton tout aussi applicable aux travaux effectifs des machines qu'aux entreprises de certains individus dont la pétulance fait espérer des merveilles que l'événement ne réalise jamais. En m'adressant aux hommes d'étude, je les prierais de distinguer soigneusement l'invention des organes matériels à l'aide desquels les forces transmettent leur action d'un point à un autre, de la découverte de ces vérités primordiales qui s'appliquent indistinctement à tous les systèmes imaginables ; j'essaierais de faire voir que, sous ce premier point de vue, les anciens ne nous étaient peut-être pas inférieurs. La vis d'Archimède, les engrenages de Ctésibius, les fontaines hydrostatiques de Héron d'Alexandrie, l'appareil rotatif à vapeur du même ingénieur, une foule de machines de guerre, et parmi elles les balistes, viendraient au besoin fortifier mon doute. Au contraire, dans le champ des vérités théoriques, la prépondérance des modernes se montrerait incontestable. Là apparaîtraient successivement et dans tout leur éclat : en Hollande, Stévin et Huygens ; en Italie, Galilée et Torricelli ; en Angleterre, Newton et Maclaurin ; en Suisse Bernouilli et Euler ; en France, Pascal Varignon, d'Alembert, Lagrange et Laplace.

Eh bien, Messieurs, voilà les illustres personnages à côté desquels Carnot est allé se placer par la découverte de son beau théorème.

Je ne sais, en vérité, si je ne dois pas craindre, en insistant plus longtemps sur les inconvénients des changements brusques, de faire naître dans mon auditoire le désir que, tout inconvénient mis de côté, je passe *brusquement* à autre sujet ; je me hasarderai cependant à ajouter encore quelques mots.

Il vient d'être souvent question de forces perdues : l'expression est juste, quand on compare les effets d'une machine à ceux qu'elle aurait pu produire, toutes les autres circonstances restant les mêmes, si le constructeur avait soigneusement évité les changements subits de vitesse ; mais il ne faut pas croire qu'aucune force ou fraction de force puisse être jamais anéantie dans l'acception grammaticale du mot : tout ce qui ne se retrouve ni dans l'effet utile engendré par le moteur, ni dans ce qu'il conserve de puissance après avoir agi, a concouru à l'ébranlement et à la destruction de la machine.

Ce dernier trait était nécessaire pour faire apprécier les éminents, les incontestables services que le théorème de

Carnot a déjà rendus et qu'il rendra de plus en plus à l'art et à l'industrie. Si je ne craignais la vive incrédulité qui, de prime abord, s'attacherait à mes paroles, j'ajouterais que ce même théorème d'analyse et de mécanique a aussi joué un grand rôle dans les événements nombreux de notre Révolution, dont les déterminations de Carnot pouvaient changer le caractère. Au reste, j'en ai trop dit pour ne pas compléter ma pensée.

Dans ma jeunesse, encouragé par la bienveillance, par l'amitié dont Carnot voulait bien m'honorer, je prenais quelquefois la liberté de reporter ses souvenirs sur ces grandes époques de nos annales révolutionnaires où les partis, dans leurs convulsions frénétiques, furent anéantis, vaincus, ou seulement apaisés par des mesures brusques, violentes, par de véritables coups d'État. Je demandais alors à notre confrère comment, seul entre tous, il avait constamment espéré d'arriver au but sans secousses, et sans porter atteinte aux lois ; sa réponse, toujours la même, s'était profondément gravée dans ma mémoire ; mais quelle ne fut pas ma surprise lorsque, sortant un jour du cercle d'études qu'un jeune astronome doit toujours s'imposer, je retrouvai textuellement la réponse constante dont il vient d'être question dans l'énoncé d'un théorème de mécanique ; lorsque je vis que notre confrère m'avait toujours entretenu de l'organisation politique de la société, précisément comme dans son ouvrage il parle d'une machine où des changements brusques entraînent nécessairement de grandes déperditions de force, et tôt ou tard amènent la dislocation complète du système !

Serait-il donc vrai Messieurs, que dans notre humaine faiblesse les esprits les plus élevés fussent si peu convaincus de la bonté, de la sagesse des déterminations que le cœur leur inspire, qu'ils eussent besoin de les confirmer, de les corroborer par des assimilations plus ou moins forcées ?

Ce doute ne vous étonnera pas si j'ajoute que, dans toutes les occasions difficiles, un des savants dont les travaux ont le plus illustré cette Académie se réglait, à l'en croire, sur cette maxime assurément très-commode : « L'eau prend exactement la forme du vase qui la contient ; un esprit sage doit, avec la même fidélité, se modeler sur les circonstances du moment. »

Je pourrais citer aussi un autre de nos confrères non moins célèbre, à qui certain personnage demandait un jour devant moi par quel secret il avait traversé sans encombre les terribles époques de nos discordes civiles : « Tout pays en révolution, répondit-il, est une voiture dont les chevaux ont pris le mors aux dents ; vouloir arrêter les chevaux, c'est courir de gaieté de cœur à une catastrophe ; celui qui saute de la voiture s'expose à être broyé sous les roues ; le mieux est de s'abandonner au mouvement en fermant les yeux, ainsi ai-je fait ! »

Dans l'ouvrage dont l'analyse m'a entraîné plus loin que je ne le prévoyais, Carnot a consacré quelques lignes à la question du *mouvement perpétuel*. Il fait voir non-seulement que toute machine, quelle qu'en soit la forme, abandonnée à elle-même s'arrêtera, mais il assigne encore l'instant où cela doit arriver.

Les arguments de notre confrère sont excellents ; aucun géomètre n'en contestera la rigueur : faut-il espérer, toutefois, qu'ils dessécheront dans leur germe les nombreux projets que chaque année, je me trompe, que *chaque printemps* voit éclore ?

Voilà ce dont on ne saurait se flatter. Les faiseurs de mouvements perpétuels ne comprendraient pas plus l'ouvrage de Carnot, que les inventeurs de la quadrature du cercle, de la trisection de l'angle, n'entendent la géométrie d'Euclide. De la science, ils n'en ont pas besoin : leur découverte, ils la doivent à une inspiration soudaine, surnaturelle. Aussi, rien ne les décourage, rien ne les détrompe ; témoin cet artiste, d'ailleurs fort estimable, qui sans se douter de ce qu'il y avait de naïvement burlesque dans les termes de sa demande, me priait d'aller voir *pourquoi tous ses mouvements perpétuels s'étaient arrêtés !*

CARNOT HOMME POLITIQUE, L'UN DES JUGES DE LOUIS XVI.

Carnot fut un des premiers officiers de l'armée française qui embrassèrent loyalement et avec enthousiasme les vues régénératrices de l'Assemblée nationale. Cependant, les annales de la Révolution ne font mention de lui qu'à partir de 1791.

Certains écrivains prennent à tort l'esprit de prosélytisme pour la juste mesure de la sincérité des convictions politiques ; ils ne comprennent point qu'une vie retirée, studieuse, puisse s'allier à un profond désir de réformes sociales ; les deux années d'inaction de Carnot leur semblent un véritable phénomène. Or, devinez de quoi ils se sont avisés pour l'expliquer ? Ils placent notre confrère parmi les émigrés de Coblentz ; ses tendances républicaines ne dateraient ainsi que de l'époque où il serait rentré furtivement en France. Je ne vous ferai pas, Messieurs, l'injure de réfuter une aussi risible supposition.

En 1791, Carnot était en garnison à Saint-Omer, et s'y maria avec mademoiselle Dupont, fille d'un administrateur militaire né dans ce pays. Ses principes politiques, la modération de sa conduite, ses connaissances variées, lui valurent bientôt après l'honneur de représenter le département du Pas-de-Calais à l'Assemblée législative. À partir de cette époque, Carnot se livra tout entier aux devoirs impérieux qui lui furent imposés ou par le choix de ses concitoyens, ou par le suffrage de ses collègues ; l'homme public absorba presque entièrement le géomètre : ce dernier ne se montra plus que de loin en loin.

Ici, Messieurs, deux routes se présentent à moi : l'une est unie et frayée ; la seconde est bordée de précipices. Si j'en croyais quelques personnes que leur bienveillance pour moi a rendues timides, je n'hésiterais pas à choisir la première. Prendre l'autre, ce sera encourir, je le sais, les reproches d'imprudence, d'aveuglement. À Dieu ne plaise que je me suppose la force de lutter contre des préventions si nettes, si décidées ; mais de mesquines considérations d'amour-propre s'évanouiront toujours à mes yeux devant le sentiment du devoir. Or, je le demande, ne blesserais-je pas profondément la conscience publique si, même dans cette enceinte consacrée aux arts, aux lettres, aux sciences, je me bornais à parler de l'académicien Carnot ? Sans doute, en déroulant devant vous la longue série de découvertes de tel ou tel savant illustre revêtu durant sa vie du titre de sénateur, on a pu légitimement, très-légitimement s'écrier que la postérité ne garderait aucun souvenir de fonctions sans portée, et qui d'ailleurs, de dégradation en dégradation, avaient fini par se réduire à des communications mensuelles avec la trésorerie ; mais ce serait un acte antinational, un acte d'ingratitude, que d'appliquer de telles paroles à la grande ombre de Carnot. On le désire, on le veut, on l'ordonne presque ; eh bien ! j'y consens, je ne parlerai pas du drame dont le dénoûment fut la mort tragique du successeur de cent rois et le renversement de la monarchie ;

cependant moi, partisan décidé de l'abolition de la peine de mort, je n'aperçois pas les prétendues difficultés de position qui m'auraient empêché de m'abandonner ici publiquement aux inspirations de ma conscience ; je ne devine pas mieux pourquoi je me serais abstenu de rendre aussi cette enceinte confidente de l'aversion profonde que je professe pour tout arrêt politique rendu par un corps politique. Faut-il le dire, enfin, une fraternelle sollicitude pour la mémoire de Carnot ne me paraissait pas exiger le sacrifice qui m'est imposé. A-t-on oublié tout ce que l'histoire contemporaine m'aurait fourni de documents accusateurs contre les mille courtisans dont les manœuvres intéressées, hypocrites, antinationales, jetèrent le monarque dans un labyrinthe sans issue, le firent déclarer coupable à l'unanimité par la représentation nationale, et rendirent, bien plus encore que les ardentes idées démocratiques de la Convention, la catastrophe du 21 Janvier inévitable. Si de ces hautes considérations de morale j'étais descendu à l'appréciation minutieuse des faits, à leur discussion technique, telle qu'il faudrait la soumettre à une cour d'appel ou de cassation, j'aurais trouvé avec tous les esprits droits, avec notre Daunou, par exemple, l'illégalité du célèbre procès, moins dans la nature de la sentence, moins dans la sévérité de la peine infligée, que dans la composition même du tribunal, que dans l'usurpation de pouvoir qui lui avait donné naissance. Or, Messieurs, et je n'aurais pas manqué d'en faire la remarque, quand la Convention s'investissait du droit de prononcer sur le sort de Louis XVI ; quand elle réglait après coup, sa jurisprudence ; quand elle s'attribuait simultanément les fonctions d'accusateur et de juge, Carnot était absent de Paris, Carnot remplissait aux armées une de ces missions importantes dont son ardent patriotisme trouvait toujours le secret de vaincre les difficultés.

CARNOT, MEMBRE DU COMITÉ DE SALUT PUBLIC.

La concession qu'on a exigée de moi, si toutefois je m'y suis bien exactement conformé, m'autorise à me montrer moins docile au sujet d'une autre période de la vie de Carnot, plus orageuse, plus difficile encore. Évitons, j'y consens de grand cœur, évitons de reporter nos regards sur certaines phases irritantes de nos discordes civiles ; pour moi, je n'y mettrai jamais qu'une condition : c'est que la mémoire d'aucun de nos confrères n'en souffrira. Eh bien, Messieurs, supposez un moment que je me taise ici sur le *membre du comité de salut public* ; ne conclura-t-on pas de mon silence, je dis plus, n'aura-t-on pas le droit d'en conclure que j'ai reconnu l'impossibilité de repousser les attaques vives, nombreuses, poignantes, dont il a été l'objet ? Ces attaques, Carnot, de son vivant, a pu les dédaigner ; il m'était, au contraire, imposé d'en chercher l'origine, d'en peser consciencieusement la valeur. Je le dis sans *forfanterie*, aucune puissance humaine ne m'eût décidé à faire retentir ici le nom de Carnot, si je n'avais découvert les causes honorables, patriotiques, de certains actes que la plus atroce des calomnies, que la calomnie politique, avait souillés de sa bave infecte. Mon travail, au reste, n'a pas été sans quelques difficultés. Personne dans l'avenir n'aurait peut-être plus l'occasion d'en réunir les éléments. Encore quelques années, en effet, et les collègues et les collaborateurs de Carnot, dont j'ai pu recueillir les lumières et les témoignages, auront payé leur tribut à la nature.

En 1793, la Convention était dans l'État le seul pouvoir organisé capable d'opposer une digue efficace au débordement d'ennemis qui de toutes les parties de l'Europe venaient se ruer sur la France et menacer sa nationalité. La nationalité d'un peuple est comme l'honneur : la plus légère blessure lui devient mortelle. Tels étaient, Messieurs, les sentiments de tant de conventionnels dont la France révère la mémoire ; tels étaient les liens qui les attachaient au poste périlleux ou l'élection les avait appelés.

En créant le *comité du salut public* (le 6 avril 1793), la Convention s'était réservé le choix de ses membres. Jusqu'au fameux 31 mai, on n'y comptait que des conventionnels neutres ou tout au moins étrangers aux deux fractions de l'assemblée qui se faisaient une guerre à mort. À la suite de plusieurs renouvellements partiels, il se composait, le 11 septembre 1793, de Robespierre, Saint-Just, Couthon, Collot d'Herbois, Billaud-Varennes, Prieur (de la Marne), Prieur (de la Côte-d'Or), Carnot, Jean-Bon Saint-André, Barère, Hérault de Séchelles, Robert Lindet.

La Convention, lorsqu'elle déféra de si grands pouvoirs au comité de salut public, voulait que chaque affaire fût dans ce comité le sujet d'une discussion, d'une délibération approfondie ; que la majorité des voix prononçât. Les décisions, pour acquérir force de loi, devaient, à peine de nullité, être revêtues d'un certain nombre de signatures. Ces prescriptions avaient le plus grand de tous les défauts, celui d'être complétement inexécutables. L'homme a trouvé de nos jours le secret de décupler sa vitesse quand il se déplace, de modifier sa force quand il doit agir, de porter ses regards scrutateurs dans les régions de l'infini ; il n'a pas découvert encore les moyens de lire une page d'écriture en moins de temps qu'on n'en employait jadis. Il faut même reconnaître qu'à cet égard le plus humble commis expéditionnaire marcherait l'égal de César, de Cicéron, de Descartes, de Bossuet. Les innombrables dépêches que le comité de salut public recevait journellement de tous les points de nos frontières menacées ou envahies, de toutes les villes, de tous les villages de l'intérieur où les promoteurs d'une nouvelle organisation politique luttaient violemment contre les préjugés et les intérêts des castes privilégiées, ne pouvaient être examinées avec maturité. Le zèle, l'activité, le dévouement, ne suffisaient pas à l'expédition de tant de graves affaires ; une réforme était indispensable : il y allait du salut de la France. Deux voies différentes se présentaient : on pouvait provoquer la réorganisation du comité, ou partager le travail entre ses divers membres. La réorganisation du comité, en présence d'un ennemi puissant, au milieu de difficultés inouïes (dont aucune époque de l'histoire des peuples n'avait offert l'exemple), eût jeté dans la Convention de nouveaux ferments de discorde, énervé son pouvoir magique, et compromis la défense du territoire. La division du travail devait prévaloir, et elle prévalut en effet. Carnot fut chargé de l'organisation des armées et de leurs opérations ; Prieur (de la Côte-d'Or), de l'armement ; Robert Lindet, des approvisionnements ; Robespierre, Saint-Just, Couthon, Billaud-Varennes, Collot d'Herbois, se réservèrent la politique, la police générale et les mesures de sûreté. Dans chaque nature de questions, une seule signature était sérieuse et emportait responsabilité ; les autres, quoique exigées par la loi, devaient être regardées comme l'accomplissement d'une simple formalité : il était évident, en effet, qu'on serait obligé de les donner sans discussion et même sans examen.

Telles furent, Messieurs, les bases de la convention que Robert Lindet, pour sa sûreté personnelle, fit consigner dans une déclaration écrite, et à l'aide de laquelle les membres du comité de salut public crurent pouvoir, sans outre-passer les termes de leur mandat, conjurer les orages qui, de toutes parts, menaçaient le pays. Cet arrangement confidentiel sera sans doute blâmé : les uns crieront à l'illégalité, les autres à l'imprudence. Je rappellerai aux premiers qu'enlacés dans une organisation vicieuse, les membres du comité étaient chaque jour aux prises avec une impossibilité, et que le mot *impossible* est français, quoi qu'en ait pu dire l'amour-propre national à une époque où les admirables triomphes de nos armées semblaient légitimer toutes les hyperboles. Le reproche d'imprudence, je l'admets sans réserve. J'ajoute que, de la part de Carnot, cette imprudence était volontaire ; qu'en se résignant à signer sans examen les décisions de tous ses collègues, il faisait sciemment à la France le plus grand de tous les sacrifices ; qu'il plaçait son honneur aux mains de plusieurs de ses ennemis déclarés ;

que, comptant enfin sur la justice tardive de la postérité, il arborait cette devise, presque surhumaine, d'une des plus puissantes organisations que la Révolution ait fait surgir du flot populaire, cette devise que tout patriote sincère et doué de quelque chaleur d'âme pourrait au reste avouer : *Périsse ma réputation plutôt que mon pays.*

Vous l'avez déjà compris, Messieurs, mon but est de partager en deux catégories distinctes et les membres du comité de salut public et la longue série de ses actes.

Le terrible comité contribua puissamment à la défense du territoire ; grâces lui soient rendues ! On ne pouvait résister à mille passions déchaînées que par la vigueur des déterminations ; que par l'énergie de la volonté ; qu'en allant avec une main de fer saisir en tout lieu les barbares qui, auxiliaires de l'étranger, voulaient déchirer les entrailles de la patrie : le comité se montra énergique et vigoureux ; il eut souvent une main de fer : gloire au comité !

Mais bientôt, Messieurs, la fermeté dégénère en frénésie ; mais bientôt on immole les riches par l'unique raison qu'ils sont riches ; mais bientôt la terreur règne d'une extrémité de la France à l'autre ; elle porte indistinctement le deuil et le désespoir dans la famille du simple soldat et dans celle du général ; elle saisit ses victimes dans l'humble demeure de l'artisan, comme dans le palais doré de l'ancien duc et pair ; elle n'épargne ni l'âge ni le sexe ; elle frappe en aveugle toutes les opinions ; ajoutant enfin la dissimulation à la cruauté, elle parodie les formes de la justice ! Ah !

Messieurs, à ce spectacle, le cœur se serre, l'espérance se dessèche ; les plus vives, les plus ardentes sympathies font place à une douleur profonde.

Je sais qu'on a expliqué, qu'on a voulu excuser ces sanglantes saturnales, en invoquant la volonté populaire. Si je juge du peuple de 93, que je n'ai point connu, par celui que nous avons vu à l'œuvre en 1830, l'explication est menteuse, je n'hésite point à le dire. Le peuple, dans un moment d'effervescence et d'entraînement se porte quelquefois à des actes coupables ; jamais il ne s'est associé à des barbaries quotidiennes. On le dégrade en disant que la terreur pouvait seule le faire marcher à la rencontre des hordes ennemies ; on ne méconnaît pas moins ses sentiments, lorsqu'on insinue qu'il a voulu la mort d'un des membres de cette Académie, qui honorait la France par son génie ; la mort d'un autre de nos confrères qui honorait l'espèce humaine par sa vertu. Non, Messieurs ; non ! dans le noble pays de France, la mort de Lavoisier, la mort de Malesherbes, n'ont pas pu être commandées par des considérations de salut public. Point de ménagements pour de pareils crimes : il faut les flétrir aujourd'hui ; il faudra les flétrir demain ; il faudra les flétrir toujours. Voués par sentiment, par conviction, par la puissance irrésistible de la logique, au culte de la liberté, repoussons loin de nous l'exécrable pensée que l'échafaud soit l'inévitable auxiliaire de la démocratie.

Les crimes que je viens de qualifier sans ménagement, la France, l'Europe, le monde tout entier, les ont, en quelque sorte, personnifiés : ces crimes, c'est Robespierre !

De jeunes, d'estimables écrivains, qui dépouillent aujourd'hui nos annales révolutionnaires avec l'infatigable patience des anciens Bénédictins, croient avoir trouvé que l'opinion publique s'est égarée. D'après eux, Robespierre et ses séides auraient beaucoup moins contribué aux actes sanguinaires de la terreur que les Billaud-Varennes, les Collot d'Herbois, les Hébert. Il y a du courage, Messieurs, à se porter ainsi les défenseurs d'un personnage qui depuis près d'un demi-siècle est devenu le type, le symbole de la cruauté politique. À ce seul titre, les nouveaux historiens pourraient espérer d'être écoutés sans préventions : un honorable caractère uni à un incontestable talent ne leur donne pas moins de droits à la sérieuse attention du public. Pour moi, je n'aurais que faire d'essayer ici de percer ces épais nuages ; mon sujet ne l'exige pas : je veux absoudre Carnot de toute participation à de grands crimes, sans examiner s'il faut les imputer à Collot d'Herbois, à Billaud-Varennes, plutôt qu'à Robespierre, Saint-Just et Couthon.

Dans aucune circonstance de sa longue carrière politique, Carnot ne fut un homme de parti. Jamais on ne le vit essayer de faire prévaloir ses opinions, ses systèmes, ses principes, par des voies tortueuses que l'honneur, que la justice, que la probité, n'eussent point avouées.

Rapporteur, le 9 juin 1792, de la commission chargée de proposer des réparations en faveur des familles de Théobald Dillon et de Berthois, massacrés devant Lille par leurs propres troupes, Carnot ne transige pas avec un rigoureux devoir. Tout autre, en des temps aussi difficiles, eût cru peut-être nécessaire de ménager la susceptibilité de l'armée ; lui, ne trouve dans son âme que des paroles brûlantes pour flétrir un acte d'égarement odieux : « Je ne vous rappellerai point, s'écrie-t-il, les circonstances de cette atrocité. La postérité, en lisant notre histoire, y croira voir le crime d'une horde de cannibales, plutôt que celui d'un peuple libre. »

En 1792, des gardes nationaux, sous le nom de *fédérés*, se réunissaient en grand nombre à Soissons, et y formaient déjà le noyau d'une armée de réserve. Tout à coup le bruit se répand à Paris que le pain de ces volontaires a été empoisonné, que des monstres ont mêlé du verre pilé à tous les approvisionnements de farines, que deux cents soldats sont déjà morts, que les hôpitaux regorgent de malades. L'exaspération de la population parisienne est à son comble ; le rassemblement de Soissons s'est formé contre la volonté royale ; c'est donc au Roi, à la Reine, à tous leurs adhérents, que le crime doit être imputé. On n'attend plus pour agir que le rapport du commissaire envoyé au camp. Ce commissaire était Carnot. Son examen véridique réduisit à néant toute cette fantasmagorie : il n'y avait point de morts ; il n'y avait point de malades ; les farines n'étaient pas empoisonnées ; des vitraux, détachés par le vent ou par la balle de quelque écolier des fenêtres d'une vieille église, étaient tombés par hasard, non en poudre, mais en gros morceaux, sur un sac, sur un seul sac de farine. Le témoignage loyal de l'honnête homme calma la tempête populaire.

Celui-là n'était pas un *homme de parti*, bien entendu dans la mauvaise acception de ce terme, qui, chargé fréquemment de missions importantes aux armées et à l'intérieur, y remplit ses devoirs avec une telle modération, qu'il put, lorsque les circonstances l'exigèrent, sans crainte d'être démenti, se rendre à lui-même publiquement le témoignage de n'avoir jamais fait arrêter personne. En pénétrant dans les bureaux du comité de salut public, nous y trouverions des preuves non moins claires de la bienveillante indulgence de Carnot envers ceux qui professaient des opinions politiques différentes des siennes, dès que toutefois elles s'alliaient à de l'honnêteté et à une vive antipathie pour l'intervention de l'étranger dans les affaires intérieures de la France. Ainsi nous verrions, sous le nom de Michaux, parmi les collaborateurs de notre confrère, le célèbre Darçon, qui était un émigré rentré. Mais à quoi bon se traîner sur des faits particuliers, lorsqu'une réflexion générale peut également conduire au but ? La Convention était l'arène où allaient se combattre les chefs des factions qui divisaient le pays : mais c'est dans les *clubs* qu'ils se créaient des adhérents et la force matérielle dont l'action, dont la seule présence annulait souvent les effets des plus éloquents discours. Si la Convention voyait éclater la foudre, c'est hors de son enceinte que l'orage commençait à poindre, qu'il grossissait, qu'il acquérait une puissance irrésistible. On n'était alors un homme influent en politique qu'à la condition de paraître tous les jours aux Jacobins ou aux Cordeliers, qu'à la condition de s'y mêler à tous les débats : eh bien, Messieurs, Carnot n'appartenait à aucune de ces associations ; jamais un mot de lui ne retentit dans les clubs. En ces temps de troubles, Carnot se fit exclusivement l'*homme de la nationalité*.

Le rôle était beau, mais non pas sans danger. Robespierre surtout s'en montrait jaloux. « S'être emparé, s'écriait-il dans une de ses harangues, de toutes les opérations militaires, c'est un *acte d'égoïsme* ; refuser obstinément de se mêler des affaires de police intérieure, c'est se ménager des moyens d'accommodement avec les ennemis du pays. – Je suis désolé, disait-il à Cambon dans une autre circonstance, je suis désolé de ne rien comprendre à l'entrelacement de lignes et de teintes que je vois sur ces cartes. Ah ! si j'avais étudié l'art militaire dans ma jeunesse, je ne serais pas forcé, toutes les fois qu'il s'agit de nos armées, de subir la suprématie de l'odieux Carnot. » Cette animosité datait de l'époque où notre confrère blâma le coup d'État (en tant que coup d'État) sous lequel succomba la Gironde. Vers le même temps, Saint-Just l'accusa de *modérantisme*, et demanda qu'il fût mis en jugement pour avoir, à l'armée du Nord, refusé d'apposer sa signature sur l'ordre d'arrestation du général O'Moran. Carnot sortait toujours sain et sauf de ces terribles épreuves, non par un sentiment de justice ou d'affection, mais parce que chacun, ami comme ennemi, reconnaissait l'impossibilité de le remplacer utilement, dans sa spécialité militaire, par tout autre *conventionnel* !

De pareilles relations, entre les membres d'un même conseil, sembleront aujourd'hui fabuleuses ! Est-ce ma faute à moi si notre patriotisme débile ne peut pas concevoir toute l'étendue des sacrifices que s'imposèrent nos pères pour sauver le pays ?

Au premier rang de ces sacrifices, je n'ai pas hésité, vous vous le rappellerez, Messieurs, à placer l'obligation où se trouvait notre confrère de signer aveuglément une foule d'actes de ses collègues. J'ai expliqué comment cette nécessité s'était *manifestée* ; eh bien, on en abusa jusqu'à faire signer à Carnot, une fois, l'arrestation de son propre secrétaire ; une autre fois, celle du restaurateur chez lequel il prenait ses repas. Le mot *infernal* me paraît encore trop faible quand il faut caractériser de tels actes ; et cependant, pour l'honneur de notre confrère, nous devons presque nous féliciter qu'ils aient eu lieu, car ils sont la preuve irrécusable, parlante, de l'arrangement écrit qui, dans le comité, fut convenu *au nom du salut du pays*.

J'avais lu, même dans des ouvrages royalistes, j'avais lu dans des écrits publiés par des républicains que Carnot avait sauvé, au comité de salut public, plus de personnes que ses collègues n'en ont immolé. Carnot ne s'absentait donc des séances qu'aux époques où les affaires militaires absorbaient tous ses moments ; Carnot assistait donc quelquefois aux délibérations du comité, et alors l'innocence y comptait un avocat plein d'âme et de fermeté.

Le hasard, il y a peu de jours, m'a fait découvrir que le rôle de défenseur officieux n'était pas le seul que Carnot s'y fût donné.

Il y a parmi vous, Messieurs, un vénérable académicien également versé dans les théories mathématiques et dans leurs applications ; il a glorieusement attaché son nom à d'utiles travaux et à de vastes projets que l'avenir réalisera peut-être. Il a parcouru une longue carrière sans se faire, certainement, sans mériter un ennemi ! et cependant sa tête fut un jour menacée, et des misérables voulaient la faire tomber lorsqu'elle créait un des monuments scientifiques qui ont jeté le plus d'honneur sur l'ère révolutionnaire. Une lettre anonyme apprend à notre confrère quel danger il vient de courir. L'orage est dissipé, mais il peut se reformer d'un instant à l'autre ; la main amie trace un plan de conduite, des règles de prudence, signale la nécessité de se ménager une retraite. Elle ne laissera pas son œuvre inachevée ; elle reprendra la plume si le danger reparaît.

L'écrivain anonyme, Messieurs, était Carnot ; le géomètre qu'il conservait ainsi à la science et à notre affection était M. de Prony. À cette époque, M. de Prony et Carnot ne s'étaient jamais vus.

Les années 1793 et 1794 ont été caractérisées par deux genres de *terreur :* la terreur de l'intérieur, je viens de le prouver, Messieurs, notre confrère y resta toujours étranger dans ce qu'elle avait de criminel ; la terreur que les soldats français inspirèrent à d'innombrables ennemis venus de tous les points de l'Europe assaillir nos frontières : celle-ci fut bien l'œuvre de Carnot ; celle-ci a été glorieuse ; le souvenir en sera immortel ; je la revendique pour la mémoire de notre confrère ; je la revendique aussi pour l'honneur de l'Académie. Vous ne refuserez pas, Messieurs, de suivre de nouveau Carnot dans cette phase si belle, si brillante de sa carrière publique. J'en ai pour garant votre dévouement au pays.

CARNOT CHARGÉ DE L'ORGANISATION ET DE LA DIRECTION DE NOS ARMÉES.

À diverses époques, on a vu, en France ainsi que dans d'autres pays, de simples administrateurs occuper avec succès les postes éminents de ministre de la guerre ou de la marine. Le général en chef, l'amiral, recevaient alors des commandements avec carte blanche, quant à la nature des opérations, et les ministres n'avaient guère à s'occuper que de l'envoi opportun et régulier des approvisionnements et des renforts. Le croiriez-vous, Messieurs ? c'est dans un cercle aussi étroit que la mauvaise foi, que l'envie ont voulu renfermer l'influence décisive que Carnot exerça sur nos destinées. Mais il nous sera facile de renverser en quelques mots cette œuvre d'une hideuse ingratitude.

Lorsque notre confrère devint, en août 1793, membre du comité de salut public, la France subissait une épouvantable crise. Les débris de l'armée de Dumouriez étaient repoussés de position en position ; Valenciennes, Condé, ouvraient leurs portes à l'ennemi ; Mayence, pressée par la famine et sans espoir d'être secourue, capitulait ; deux armées espagnoles envahissaient notre territoire ; vingt mille Piémontais franchissaient les Alpes ; les quarante mille Vendéens de Cathelineau s'emparaient de Bressuire, de Thouars, de Saumur, d'Angers ; ils menaçaient Tours, le Mans, et attaquaient Nantes par la rive droite de la Loire, pendant que Charette opérait sur la rive opposée ; Toulon recevait dans son port une escadre anglaise ; enfin, nos principales villes, Marseille, Caen, Lyon, se séparaient violemment du gouvernement central.

Vous avez maintenant sous les yeux, Messieurs, une faible image des dangers qui menaçaient la patrie ; et l'on ose prétendre que la Convention, que la terrible Convention espéra échapper à l'imminente catastrophe que l'Europe presque tout entière croyait inévitable, sans même établir un certain ensemble dans les opérations de ses nombreux généraux ; et l'on a pu imaginer qu'en chargeant l'un de ses membres de la direction à peu près souveraine des affaires militaires, elle n'attendait de lui que les mesures méthodiques, réglementaires, compassées d'un fournisseur ou d'un intendant d'armée ! Non, non ! personne n'a pu se rallier de bonne foi à de semblables idées.

Ne croyez pas, néanmoins, que je dédaigne les services administratifs de Carnot. J'admire, au contraire, leur noble simplicité. Il n'y avait alors, en effet, dans son ministère, ni cette inextricable filière de paperasses que la plus petite affaire exige de nos jours ; ni ce réseau, si artistement tissu, où tout se lie, depuis le garçon de bureau jusqu'au chef de service, d'une manière si serrée, si intime, que la main la plus ferme, la plus hardie, ne saurait se flatter d'en rompre ou d'en séparer les éléments. Alors le chef responsable prenait une connaissance directe et personnelle des dépêches qui lui étaient adressées ; alors les conceptions de l'homme d'élite n'étaient pas exposées à périr sous les coups d'une multitude de médiocrités envieuses ; alors un simple sergent d'infanterie (le jeune Hoche) ne travaillait pas seulement pour les cartons poudreux des archives, lorsqu'il composait un *mémoire sur les moyens de pénétrer en Belgique* ; alors la lecture de ce travail inspirait à Carnot cette exclamation prophétique : « *Voilà un sergent d'infanterie qui fera son chemin.* » Alors le sergent, suivi de l'œil dans toutes ses actions, devenait coup sur coup, et dans l'espace de quelques mois, capitaine, colonel, général de brigade, général de division et général en chef ; alors une classe peu nombreuse de la société n'était pas seule investie du privilége de fournir les chefs de nos armées ; alors, en fait comme en droit, chaque soldat avait des lettres de commandement dans sa giberne : une action d'éclat les en faisait sortir ; alors la force militaire, malgré son immense importance, malgré les services éclatants qu'elle rendait au pays, malgré les désordres de l'époque, inclinait respectueusement ses faisceaux devant l'autorité civile, mandataire de la nation.

Jetons nos regards sur une autre face de l'administration de la guerre, et Carnot ne nous paraîtra ni moins grand ni moins heureux.

On manque de cuivre pur ; à la voix de la patrie éplorée, les sciences trouvent dans les cloches des couvents, des églises, des horloges publiques, la mine inépuisable d'où elle extraira sans retard tout le métal que l'Angleterre, la Suède, la Russie, lui refusent. On n'a point de salpêtre ; des terrains où jadis on n'eût cherché cette substance que pour s'assurer de la délicatesse d'un moyen d'analyse chimique, fourniront à tous les besoins de nos armées, de nos escadres. La préparation des cuirs destinés à la chaussure exigeait des mois entiers de travail ; d'aussi longs délais ne sauraient se concilier avec les besoins de nos soldats, et l'art du tanneur reçoit des perfectionnements inespérés : désormais, des jours y remplaceront des mois. La fabrication des armes est si minutieuse, que ses lenteurs paraissent inévitables ; des moyens mécaniques viennent aussitôt fortifier, diriger, remplacer la main de l'ouvrier ; les produits naissent au gré des besoins. Les ballons n'avaient été jusqu'en 1794 qu'un simple objet de curiosité ; à la bataille de Fleurus un ballon portera le général Morlot dans la région des nuages ; de là les moindres manœuvres de l'ennemi seront aperçues, signalées à l'instant, et une invention toute française procurera à nos armes un éclatant triomphe. Les crayons de graphite (*mine de plomb*) sont la plume et l'encre de l'officier en campagne ; c'est avec le crayon qu'il trace sur le pommeau de la selle de son cheval ces quelques caractères qui lancent au fort de la mêlée des milliers de fantassins, de cavaliers, d'artilleurs ; le graphite est une des substances que la nature semblait avoir refusées à notre sol ; le comité de salut public ordonne de le créer de toutes pièces, et cet ordre de faire une découverte est exécuté sans retard, et le pays s'enrichit d'une nouvelle industrie. Enfin, car il faut bien me résigner à ne pas tout dire, les premières idées du télégraphe sont tirées des in-folio où depuis des centaines d'années elles restaient enfouies sans aucun profit ; on les perfectionne, on les étend, on les applique, et dès ce moment les ordres arrivent aux armées en quelques minutes ; le comité de salut public suit de Paris toutes les péripéties de la guerre, à l'est, au nord et à l'ouest, comme s'il siégeait au milieu des combattants.

Ces créations en quelque sorte spontanées, ces directions patriotiques données à tant de nobles intelligences, cet art, aujourd'hui perdu, d'exciter le génie, de l'arracher à son indolence habituelle, occuperont toujours une large place dans les annales du comité de salut public et dans l'histoire de la vie de notre confrère. Sans sortir, toutefois, du sujet qui nous occupe, nous aurions encore bien d'autres services à enregistrer.

Carnot était du très-petit nombre d'hommes qui, en 1793, croyaient fermement que la république triompherait tôt ou tard de ses innombrables ennemis. Aussi, tout en donnant au présent la large part que les circonstances commandaient, son administration, l'œil sur l'avenir, dota-t-elle la France de plusieurs grandes institutions dont les heureux effets ne pouvaient se développer qu'avec lenteur.

Si le temps me le permettait, j'aurais à citer ici, parmi les grands établissements à la formation desquels Carnot contribua, la première École normale, l'École polytechnique, le Muséum d'histoire naturelle, le Conservatoire des arts et métiers ; et au nombre des travaux qu'il encouragea de son suffrage, la mesure de la terre, l'établissement du nouveau système des poids et mesures, les grandes, les incomparables tables du cadastre.

Ce sont d'assez beaux titres, Messieurs, pour une *ère de destruction*.

La Convention mit aux mains de Carnot la masse colossale mais incohérente de la réquisition. Il fallut l'organiser, la discipliner, l'instruire : Carnot en tira *quatorze armées*. Il fallut lui créer des chefs habiles ; i notre confrère savait, avec certain général athénien, que *mieux vaudrait une armée de cerfs commandée par un lion, qu'une armée de lions commandée par un cerf* ; Carnot fouilla sans relâche la mine féconde, inépuisable des sous-officiers ; comme je l'ai déjà dit, son œil pénétrant allait dans les rangs les plus obscurs chercher le talent uni au courage, au désintéressement, et l'élevait rapidement aux premiers grades. Il fallut coordonner tant de mouvements divers ! Carnot, comme l'*Atlas* de la Fable, porta seul, pendant plusieurs années, le poids de tous les événements militaires de l'Europe ; il écrivait lui-même, de sa main, aux généraux ; il leur donnait des ordres détaillés où toutes les éventualités étaient minutieusement prévues ; ses plans, celui qu'il adressa à Pichegru, par exemple, le 21 ventôse an II, semblaient le fruit d'une véritable *divination*. Les faits vinrent tellement justifier les prévisions de notre confrère, que pour écrire le récit de la mémorable campagne de 1794 on aurait à peine quelques noms propres de villages à changer dans les instructions qu'il avait adressées au général en chef. Les lieux où il fallait livrer bataille, ceux où l'on devait se borner à de simples démonstrations, à des escarmouches ; la force de chaque garnison, de chaque poste, tout est indiqué, tout est réglé avec une admirable netteté. C'est sur un ordre de Carnot que Hoche se dérobe un jour à l'armée prussienne, traverse les Vosges, et, se réunissant à l'armée du Rhin, va frapper sur Wurmser un coup décisif qui amène la délivrance de l'Alsace. En 1793, pendant que l'ennemi s'attendait, conformément aux préceptes classiques de la stratégie, à voir nos troupes se porter de la Moselle sur le Rhin ; pendant qu'il accumulait sur ce dernier fleuve de formidables moyens de résistance, Carnot, sans s'inquiéter des vieilles théories, détacha inopinément quarante mille hommes de l'armée de la Moselle et les envoya sur la Meuse à marches forcées. Telle fut la manœuvre célèbre qui décida du succès de cette campagne de 1793, pendant laquelle les généraux autrichiens et hollandais eurent le double chagrin d'être constamment battus, et de l'être contre les règles. Oui, Messieurs, la tribune nationale ne fut que juste le jour où elle retentit de ces belles paroles, devenues aujourd'hui historiques : « *Carnot a organisé la victoire.* »

CARNOT SUR LE CHAMP DE BATAILLE DE WATTIGNIES.

On pourrait dire des armées françaises, comme de certains peintres, qu'elles ont eu *plusieurs manières*. Un jour de bataille, il est vrai, les armées impériales et les armées républicaines se précipitaient sur l'ennemi avec la même intrépidité ; hors de là tout était différent. Le soldat de l'Empire ne voyait la patrie que dans l'armée ; c'était pour l'honneur, pour la gloire de l'armée qu'il répandait son sang à Wagram, à Sommo-Sierra, à la Moscowa. Le soldat de la République se battait pour le pays : l'indépendance nationale, telle était surtout la pensée qui l'animait pendant le combat ; les récompenses, il n'y songeait seulement pas.

Suivez ces mêmes soldats dans la vie privée, et vous verrez ces dissemblances se continuer. L'impérialiste reste soldat par ses sentiments et par ses manières ; le républicain, confondu dans la masse de la population, ne se distingue bientôt plus d'un artisan, d'un laboureur, qui n'aurait jamais quitté l'atelier ou la charrue.

Ce sont ces nuances, habilement saisies, artistement reproduites, qui, dès le premier jour, ont si vivement frappé le public dans l'admirable *fronton* de notre David.

« Je ne puis pas me résoudre à voir le général Carnot dans un personnage *à culottes courtes et à bas bleus,* » me disait un jour, dans la bibliothèque de l'Institut, certain officier de l'Empire connu par sa brillante valeur. J'insiste.

« Eh bien, soit ! ajouta-t-il ; les bas bleus peuvent aller à un général qui n'a pas reçu le *baptême du feu !* » Hier encore, avec moins de rudesse il est vrai dans les termes, un de nos confrères reproduisait devant moi la même pensée. Je remplirai donc un devoir en prouvant que, dans l'occasion, l'homme aux bas bleus savait bravement payer de sa personne.

Le prince de Cobourg, à la tête de soixante mille hommes, occupait toutes les issues de la forêt de Mormale et bloquait Maubeuge. Cette ville une fois prise, les Autrichiens ne rencontraient plus d'obstacles sérieux pour arriver à Paris. Carnot voit le danger ; il persuade à ses collègues du comité de salut public que notre armée, malgré sa grande infériorité numérique, peut livrer bataille ; qu'elle doit attaquer l'ennemi dans des positions qui paraissaient inexpugnables. C'était un de ces moments suprêmes qui décident du sort, de l'existence des nations. Le général Jourdan hésite devant une aussi terrible responsabilité. Carnot se rend à l'armée : en quelques heures tout est convenu, tout est disposé ; les troupes s'ébranlent ; elles fondent sur les ennemis ; mais ils sont si nombreux, ils occupent une position si bien choisie, ils ont creusé tant de retranchements, ils les ont garnis d'une artillerie tellement formidable, que le succès est incertain. À la fin de la journée, notre aile droite a gagné quelque terrain ; mais l'aile gauche en a peut-être perdu davantage. D'ailleurs elle a laissé quelques canons dans les mains des Autrichiens. Renforçons l'aile gauche ! s'écrient les vieux tacticiens.

Non ! non ! réplique Carnot ; qu'importe le côté par lequel nous triompherons ? Il faut bien, bon gré, mal gré, céder à l'autorité sans limites du représentant du peuple. La nuit est employée à dégarnir l'aile déjà compromise ; ses principales troupes se portent sur la droite, et quand le soleil se lève, c'est en quelque sorte une autre armée que Cobourg trouve devant lui. La bataille recommence avec une nouvelle fureur. Enfermés dans leurs redoutes, protégés par des bois, par des taillis, par des haies vives, les Autrichiens résistent vaillamment ; une de nos colonnes d'attaque est repoussée et commence à se débander. Ah ! qui pourrait dépeindre les cruelles angoisses de Carnot ; sans doute son imagination lui représente déjà l'ennemi pénétrant dans la capitale, défilant sur nos boulevards et se livrant aux actes de vandalisme dont tant de proclamations, tant d'insolents manifestes nous avaient menacés ! Ces déchirantes pensées, en tout cas, n'abattent pas son courage ; Carnot rallie les soldats, les reforme sur un plateau ; destitue solennellement, à la vue de toute l'armée, le général qui, en désobéissant à des ordres formels, s'était laissé vaincre ; s'empare d'un fusil de grenadier, et marche à la tête de la colonne en costume de représentant. Rien ne résiste plus alors à l'impétuosité de nos troupes ; les charges de la cavalerie autrichienne sont repoussées à la baïonnette ; tout ce qui s'engage dans les chemins creux dont Wattignies est entouré y trouve la mort. Carnot pénètre enfin dans ce village, la clef de la position de l'armée ennemie, à travers des monceaux de cadavres, et dès ce moment Maubeuge est débloqué.

On se demandera sans doute où Carnot avait puisé cette fermeté, cette vigueur, ce coup d'œil militaire, cette connaissance des troupes ? N'en cherchez la source que dans son ardent patriotisme. C'est à Wattignies que, pour la première fois, il entendit la fusillade et le canon ennemis. Mais je me trompe, Messieurs, c'est la seconde et non la première : la première fois, Carnot, marchant, comme à Wattignies, un mousquet à la main, emporta d'assaut, à la tête de soldats de nouvelle levée, la ville de Furnes, occupée par les Anglais.

La bataille de Wattignies, envisagée d'après ses résultats, occupera toujours une des premières places dans les fastes de la Révolution française. Je serais probablement moins affirmatif sur les difficultés de cette journée comparée à tant d'autres, si je ne pouvais m'autoriser de l'opinion du prince de Cobourg lui-même. Quand il vit les bataillons français s'ébranler, ce général chercha les termes les plus incisifs pour exprimer, en présence de son état-major, la confiance que lui inspiraient le nombre, l'ardeur de ses troupes, et enfin les obstacles de toute espèce, naturels ou artificiels, que présentait aux assaillants le terrain accidenté occupé par l'armée autrichienne. « Les républicains, s'écria-t-il sont d'excellents soldats ; mais, s'ils me délogent d'ici, je consens à me faire républicain moi-même. » Rien assurément de plus énergique, de plus significatif ne pouvait sortir de la bouche de Cobourg. Pour ma part, je ne saurais concevoir de plus glorieux bulletin de la bataille de Wattignies !

L'auteur allemand auquel j'emprunte cette anecdote ne dit pas si, après l'avoir délogé, les Français sommèrent le général autrichien de tenir sa parole. J'ai quelque raison de supposer que, malgré leur esprit de propagande, ils dédaignèrent une recrue qui peut-être se serait soumise, mais dont la vocation semblait bien incertaine.

COMPTES RENDUS DES OPÉRATIONS DES ARMÉES.

Carnot sentit la convenance, le besoin, de montrer envers les armées nationales une déférence dont jadis les gouvernements absolus pouvaient se croire dispensés, lorsque leurs soldats étaient enrôlés à prix d'argent : chaque année il devait dérouler à la face du pays le tableau détaillé des batailles livrées par nos légions et des résultats qu'elles avaient produits. Voici comment se terminait le récit de la campagne de dix-sept mois, pendant laquelle les troupes de la République ne déposèrent pas les armes un seul instant :

27 victoires, dont huit en bataille rangée ;

120 combats de moindre importance ;

80,000 ennemis tués ;

91,000 prisonniers ;

116 places fortes ou villes importantes prises, dont trente-six après siége ou blocus ;

230 forts ou redoutes emportés ;

3,800 bouches à feu ;

70,000 fusils ;

1,900 milliers de poudre ;

90 drapeaux.

Qu'on nous dise, si on l'ose, après avoir lu ce tableau, que la statistique n'est jamais éloquente !

CARNOT, NOMMÉ PAR QUATORZE DÉPARTEMENTS, ENTRE AU CONSEIL DES ANCIENS, PUIS AU DIRECTOIRE EXÉCUTIF. – ENVOI DE HOCHE EN VENDÉE, DE MOREAU ET JOURDAN SUR LE RHIN, ET DE BONAPARTE EN ITALIE.

Carnot quitta le comité de salut public peu de temps avant l'insurrection des sections parisiennes contre la Convention. Reportez vos souvenirs vers les événements militaires qui suivirent la retraite légale, obligée, de notre confrère, vous verrez, presque partout, la victoire abandonner les drapeaux de la République, les revers se succéder, comme précédemment les triomphes ; tous les ressorts se détendre, la défiance, le découragement, s'emparer des esprits ; et vous comprendrez alors, mieux encore que par une série non interrompue d'éclatants succès, de quel poids peut être le génie d'un seul homme sur la destinée des nations.

Carnot fut appelé la législature qui remplaça la Convention nationale par *quatorze départements*. Si l'expression d'un sentiment personnel m'était permise ici, je dirais combien j'ai été heureux de trouver le nom du département des Pyrénées-Orientales dans la liste de ceux qui essayèrent de dédommager notre grand citoyen des outrages dont une poignée de représentants, excités par le boucher Legendre, l'abreuvèrent à plusieurs reprises. Peu de temps après son entrée au conseil des Anciens, Carnot, sur le refus de Sieyès, devint l'un des cinq membres du Directoire exécutif.

Au moment où, pour la seconde fois, Carnot fut ainsi appelé à diriger nos armées, la République se trouvait sur le bord d'un abîme. Le trésor public était vide. Le Directoire se procura à grand'peine des garçons de bureau et des domestiques, tant on le croyait insolvable. Il fallait souvent ajourner le départ d'un courrier extraordinaire, à cause de l'impossibilité de pourvoir aux frais de son voyage ; les généraux eux-mêmes ne recevaient plus les *huit francs* (je ne me trompe pas), les *huit francs en numéraire par mois* qui leur avaient été accordés comme supplément de la solde en assignats ; les agriculteurs n'approvisionnaient plus les marchés ; les manufacturiers refusaient de vendre leurs produits, parce qu'on aurait eu le droit de les payer en papier-monnaie, et que le papier-monnaie était alors sans valeur. D'une extrémité de la France à l'autre, la famine avait jeté le peuple dans une irritation extrême qui, chaque jour, se manifestait par de sanglants désordres. L'armée n'offrait guère un aspect moins déplorable : elle manquait de moyens de transport, de vêtements, de souliers, de munitions. La misère avait engendré l'indiscipline. Pichegru nouait des trames criminelles avec le prince de Condé, se faisait battre à Heidelberg, compromettait l'armée de Jourdan, évacuait Manhein, levait le siége de Mayence, et livrait la frontière du Rhin aux Autrichiens. La guerre se rallumait en Vendée ; les Anglais nous menaçaient d'une descente dans les Pays-Bas et sur nos propres côtes ;

enfin, à la frontière des Alpes, Schérer et Kellermann soutenaient avec désavantage une guerre défensive contre les forces réunies de l'empereur d'Autriche, du roi de Sardaigne et des princes italiens confédérés.

Il fallut, Messieurs, une grande force d'âme unie au plus ardent patriotisme, pour accepter, en de si cruelles circonstances, le fardeau des affaires publiques. Ajoutons que Carnot s'aveuglait si peu sur les vices de la Constitution de l'an III, et surtout sur les inconvénients d'un pouvoir exécutif multiple, qu'il les avait publiquement signalés au sein de la Convention a l'époque où cette constitution fut discutée. « Les destinées de l'État, s'écriait-il alors, ne dépendront plus que du caractère personnel de cinq hommes. Plus ces caractères différeront, plus les vues des cinq directeurs seront dissemblables, et plus l'État aura à souffrir de leur influence alternative. » La majorité dédaigna ces justes appréhensions ; fidèle à une règle de conduite dont jamais on ne le vit se départir, Carnot se soumit sans murmure ; et dès que le nouveau gouvernement eut reçu la sanction légale, il le servit avec l'énergie, le zèle, le dévouement, qu'avait jadis déployés le membre du comité de salut public.

La Vendée était en feu ; Hoche reçoit de Carnot, avec la mission de la pacifier, le plan d'un nouveau système d'opérations. Ce général républicain s'y conforme, triomphe de Charette, s'empare de Stofflet, et purge le Morbihan des bandes nombreuses de chouans qui le ravageaient. En moins de huit mois, la guerre civile, cette guerre impie où, des deux côtés, cependant, on déployait tant de courage, cesse de désoler notre territoire.

Sur le Rhin, nos armées sont placées sous les commandements de Jourdan et de Moreau. Un plan de campagne savant, profond, coordonne les mouvements de ces deux généraux, et porte bientôt leurs troupes victorieuses au cœur de l'Allemagne.

En Vendée, en Allemagne, sur le Rhin, Carnot, comme on vient de le voir, avait investi de sa confiance des officiers déjà célèbres par de mémorables triomphes. Le commandement de l'armée d'Italie, il le donna, au contraire, à un général de vingt-cinq ans, dont les titres connus se réduisaient alors à quelques services secondaires rendus pendant le siége de Toulon, et à la facile défaite des sectionnaires parisiens, le 13 vendémiaire an III, sur les humbles champs de bataille du Pont-Royal, de la rue Saint-Honoré et du perron de Saint-Roch. Je revendique ici en faveur de Carnot l'honneur d'avoir personnellement désigné et choisi le jeune général Bonaparte pour le commandement de notre troisième armée, parce qu'il lui appartient légitimement ; parce que ce choix fut longtemps considéré, à tort, comme le résultat d'une intrigue de boudoir, et que chacun, ce me semble, doit être heureux de voir l'histoire de l'incomparable campagne d'Italie purifiée d'une telle souillure. J'ai pensé, enfin, que je ne devais pas négliger de vous montrer notre confrère apercevant, avec une perspicacité infinie, le héros de Rivoli, d'Arcole, de Castiglione, à travers l'écorce de timidité, de réserve, tranchons le mot, de mauvaise grâce, que tout le monde remarquait alors dans le protégé de Barras.

Je prévois tout ce que je rencontrerais d'incrédulité si j'essayais d'étendre davantage les limites de l'influence que notre confrère exerça sur la campagne d'Italie ; et, cependant, ne trouverai-je pas, même dans le petit nombre de pièces officielles actuellement connues du public, à la date du 10 floréal an IV, par exemple, une dépêche du quartier général de Chérasco, dans laquelle Bonaparte écrivait à Carnot : « La suspension d'armes conclue entre le roi de Sardaigne et nous me permet de communiquer par Turin, c'est-à-dire d'épargner la moitié de la route ; *je pourrai donc recevoir promptement* VOS ORDRES ET CONNAITRE VOS INTENTIONS POUR LA DIRECTION À DONNER À L'ARMÉE. » Une lettre au ministre des finances, du 2 prairial an IV, datée du quartier général de Milan, m'offrirait ce passage : « Le Directoire exécutif, qui m'a nommé au commandement de cette armée, A ARRÊTÉ UN PLAN DE GUERRE *offensif* qui exige des mesures promptes et des ressources extraordinaires. »

Le 2 prairial an IV (21 mai 1796), Carnot écrivait au jeune général « Attaquez Beaulieu avant que des renforts puissent le rejoindre ; ne négligez rien pour empêcher cette réunion ; il ne faut pas s'affaiblir devant lui, et, surtout, lui donner, par un morcellement désastreux, les moyens de nous battre en détail et de reprendre le terrain qu'il a perdu. Après la défaite de Beaulieu, vous ferez l'expédition de Livourne...

L'intention du Directoire est que l'armée ne dépasse le Tyrol qu'après l'expédition du sud de l'Italie. »

Sans doute, ces prescriptions générales ne sont pas la campagne d'Italie. Aucune intelligence humaine ne pouvait prévoir ni le chemin que suivrait le général Beaulieu après sa séparation de l'armée piémontaise, ni les manœuvres de Wurmser, ni la longue résistance de ce vieux général dans Mantoue, ni les marches d'Alvinzi, ni tant d'incidents glorieux que je m'abstiens de rappeler ; sans doute il ne fallut rien moins que la hardiesse, que le génie de Bonaparte, que la coopération d'intrépides officiers, tels que Masséna, Augereau, Lannes, Murat, Rampon, pour anéantir, en quelques mois, trois grandes armées autrichiennes. Aussi, tout ce que j'ai voulu dire, c'est qu'il y aurait injustice à laisser le nom de Carnot complètement en dehors de ces immortelles campagnes.

J'aurai le droit de me montrer plus exigeant si nous étudions une autre face de ces guerres : leur côté moral et civilisateur. Qui ne se rappelle ces traités de paix où les chefs-d'œuvre de la peinture, de la sculpture, étaient pour les ennemis les moyens de se faire pardonner la perfidie et la trahison, et ces visites solennelles du général victorieux à des savants modestes, illustrés par d'importantes découvertes ? Eh bien, Messieurs, tout cela, quoi qu'on en ait pu dire, était prescrit par Carnot. Des doutes seront-ils encore permis si je transcris cette lettre de notre confrère, du 24 prairial an IV : « Général, en vous recommandant, par notre lettre du 26 floréal, d'accueillir et de visiter les artistes fameux des pays dans lesquels vous vous trouvez, nous avons désigné particulièrement le célèbre astronome Oriani, de Milan, comme devant être protégé et honoré par les troupes républicaines. Le Directoire apprendra avec satisfaction que vous avez rempli ses intentions à l'égard de ce savant distingué, et il vous invite, en conséquence, à lui rendre compte de ce que vous avez fait pour donner au citoyen Oriani des témoignages de l'intérêt et de l'estime que les Français ont toujours eus pour lui, et pour lui prouver qu'ils savent allier à l'amour de la gloire et de la liberté celui des arts et des talents. »

PUBLICATION DE L'OUVRAGE INTITULÉ :
Réflexions sur la métaphysique du calcul infinitésimal.

Le mot de science, que la série des événements vient placer sous ma plume, me rappelle que cette époque est celle de la publication d'un des ouvrages mathématiques de Carnot. Je sens tout ce qu'il y aura de fatigant pour vous à en écouter l'analyse ; mais il faut bien que, dans cette enceinte, le savant se montre aussi quelquefois. L'ouvrage précoce et si remarquable sur les machines, dont nous avons donné une idée, a fait assez connaître tout ce qu'on était en droit d'attendre de l'esprit ferme, lucide, pénétrant, de Carnot. C'était donc un brillant avenir de gloire que le jeune officier apportait en sacrifice à la patrie, lorsque, obéissant à la voix de ses concitoyens, il échangeait la vie douce, tranquille du mathématicien, contre la carrière aventureuse et parsemée d'écueils du tribun. Ce sacrifice, au reste, il ne le fit pas sans regret ; car la géométrie fut toujours son délassement favori. Privé, par des devoirs impérieux de tous les jours, du plaisir de se mesurer avec les grands problèmes dont la solution exige des années d'efforts continus et persévérants, Carnot choisit ces questions difficiles, mais circonscrites, qui peuvent être prises, abandonnées et reprises à bâtons rompus ; qu'un esprit élevé et susceptible d'une forte contention développe et approfondit, sans papier, sans crayon, à la promenade, au milieu des agitations de la foule, pendant les gaietés d'un repas et les insomnies d'une nuit laborieuse ; il dirigea enfin ses méditations vers la *métaphysique du calcul*. Aujourd'hui de telles recherches seraient, je le crains, peu goûtées ; cependant, qu'on se reporte aux époques où les études mathématiques firent graduellement surgir tant de natures diverses de quantités, et l'on verra toutes les appréhensions qu'elles inspirèrent à des esprits rigides, et l'on reconnaîtra que, sur beaucoup de points, c'est l'habitude plutôt que la vraie science qui nous a rendus plus hardis.

Parmi les quantités que j'ai entendu désigner, les *irrationnelles* se présentèrent d'abord. Les anciens évitèrent de s'en servir avec un soin scrupuleux ; les modernes eussent bien désiré aussi n'en point faire usage ; *mais elles vainquirent par leur foule*, dit l'ingénieux auteur de la *Géométrie de l'infini*.

Aux quantités qui n'étaient pas numériquement assignables succédèrent les quantités impossibles, les *quantités imaginaires*, véritables symboles dont on essaierait vainement de donner, je ne dis pas des valeurs exactes, mais encore de simples approximations. Ces imaginaires, on les combine néanmoins aujourd'hui sans scrupule, par addition, par soustraction ; on les multiplie, on les divise les unes par les autres comme des quantités réelles ; en fin de compte, les imaginaires disparaissent quelquefois au milieu des transformations qu'elles subissent et le résultat est alors tenu pour tout aussi certain que si l'on y était arrivé sans le secours de ces hiéroglyphes de l'algèbre. Il faut l'avouer, mille et mille applications du calcul justifient cette confiance et cependant peu de géomètres manquent de se prévaloir de l'absence d'imaginaires dans les démonstrations où ils sont parvenus à les éviter.

L'*infini* fit irruption pour la première fois, dans la géométrie, le jour où Archimède détermina le rapport approché du diamètre à la circonférence par une assimilation du cercle à un polygone circonscrit d'*une infinité de côtés*. Bonaventure Cavalieri alla ensuite beaucoup plus loin ; diverses considérations l'amenèrent à distinguer des *infiniment grands* de plusieurs ordres, des quantités *infinies*, qui cependant étaient *infiniment plus petites* que d'autres quantités. Doit-on s'étonner qu'en présence de ces résultats, et malgré sa vive prédilection pour des combinaisons qui l'avaient conduit à de véritables découvertes, l'ingénieux auteur italien se soit écrié dans le style de l'époque : *Voilà des difficultés dont les armes d'Achille elles mêmes n'auront pas raison !*

Les *infiniment petits* s'étaient eux, glissés dans la géométrie, même avant les *infiniment grands*, et non pas seulement pour faciliter, pour abréger telle ou telle démonstration, mais comme le résultat immédiat et nécessaire de certaines propriétés élémentaires des courbes.

Étudions, en effet, les propriétés de la plus simple de toutes, de la circonférence de cercle ; et par là, nous n'entendrons pas cette courbe rugueuse, grossière que nous parviendrions à tracer à l'aide de nos compas, de nos tire-lignes les mieux affilés, mais bien la circonférence de cercle douée d'une perfection idéale, mais bien une courbe sans épaisseur, sans aspérités d'aucune nature. À cette courbe, menons par la pensée une tangente. Dans le point unique où la tangente et la courbe se toucheront, elles formeront un angle qu'on a appelé l'*angle de contingence.* Cet angle, dès l'origine des sciences mathématiques, a été l'objet des plus sérieuses réflexions des géomètres. Depuis deux mille ans, il est rigoureusement démontré qu'aucune ligne droite, partant du sommet de l'angle de contingence, ne saurait être comprise entre ses deux côtés, qu'elle ne saurait passer entre la courbe et la tangente. Eh bien, je le demande : l'angle dans lequel une ligne droite infiniment déliée ne pourrait pas s'introduire, ne pourrait pas s'insinuer, qu'est-ce autre chose, si ce n'est un infiniment petit ?

L'angle de contingence infiniment petit, où aucune ligne droite ne saurait être intercalée, peut cependant comprendre entre ses deux côtés des milliards de circonférences de cercle, toutes plus grandes que la première. Cette vérité est établie sur des raisonnements d'une évidence incontestable et incontestée. Voilà donc, au cœur même de la géométrie élémentaire, un infiniment petit, et, ce qui est encore plus incompréhensible, un infiniment petit susceptible d'être fractionné tant qu'on veut ! L'intelligence humaine était humiliée, abîmée devant de pareils résultats ; mais enfin c'étaient des résultats, et elle se soumettait.

Les infiniment petits que Leibnitz introduisit dans son calcul différentiel excitèrent plus de scrupules. Ce grand géomètre en distinguait de plusieurs ordres : ceux du second était négligeables à côté des infiniment petits du premier ; à leur tour, les infiniment petits du premier ordre disparaissaient devant les quantités finies. À chaque transformation des formules, on pouvait, d'après cette hiérarchie, se débarrasser de nouvelles quantités ; et cependant il fallait croire, il fallait admettre que les résultats définitifs avaient une exactitude rigoureuse ; que le calcul infinitésimal n'était pas une simple méthode d'approximation. Telle fut, tout bien considéré, l'origine de l'opposition vive et tenace que le nouveau calcul souleva à sa naissance ; telle était aussi la difficulté qu'un homme également célèbre comme géomètre et comme théologien, que l'évêque de Cloyne, Berkeley, avait en vue, lorsqu'il criait aux incrédules en matière de religion : « Voyez les mathématiques : n'admettent-elles pas des mystères plus incompréhensibles que ceux de la foi ? »

Ces mystères n'existent plus aujourd'hui pour ceux qui veulent s'initier à la connaissance des méthodes dont se compose le calcul différentiel dans la théorie des fluxions de Newton, dans un Mémoire où d'Alembert met en usage la considération des limites vers lesquelles convergent les rapports des différences finies des fonctions, ou enfin dans la Théorie des fonctions analytiques de Lagrange. Toutefois, la marche leibnitzienne a prévalu, parce qu'elle est plus simple, plus facile à retenir, et qu'elle se prête beaucoup mieux aux applications. Il est donc important de l'étudier en elle-même, de pénétrer dans son essence, de s'assurer de la parfaite exactitude des règles qu'elle fournit, sans avoir besoin de les corroborer par les résultats du calcul fluxionnel, du calcul des limites ou de celui des fonctions. Cette tâche, je veux dire la recherche du véritable esprit de l'analyse différentielle, forme le principal objet du livre que Carnot publia en 1799 sous le titre modeste de : *Réflexions sur la métaphysique du calcul infinitésimal.* J'ose affirmer que les auteurs, d'ailleurs si estimables, des meilleurs traités de calcul différentiel n'ont pas encore assez puisé dans l'ouvrage de notre confrère. Les avantages qui doivent résulter de l'introduction immédiate, dans les formules, de quantités infiniment petites ou élémentaires ; les considérations à l'aide desquelles on peut prouver qu'en négligeant plus tard ces quantités, le calculateur n'en arrive pas moins à des résultats d'une exactitude mathématique, par l'effet de certaines compensations d'erreurs ; enfin, pour le dire en deux mots, les traits fondamentaux et caractéristiques de la méthode leibnitzienne, Carnot les analyse avec une clarté, une sûreté de jugement et une finesse d'aperçus qu'on chercherait vainement ailleurs, quoique la question ait été l'objet des réflexions et des recherches des plus grands géomètres de l'Europe.

CARNOT, FRUCTIDORISÉ, EST OBLIGÉ DE PRENDRE LA FUITE. – IL EST RAYÉ DE LA LISTE DE L'INSTITUT, ET REMPLACÉ PAR LE GÉNÉRAL BONAPARTE.

La France s'est toujours montrée idolâtre de la gloire militaire. Satisfaites largement cette passion dans une guerre nationale, et soyez sans inquiétude sur l'administration intérieure, quoique inhabile qu'elle soit. Les sympathies du peuple, et au besoin sa résignation, sont acquises à tout gouvernement qui chaque mois pourra se parer d'une nouvelle victoire sur ses ennemis extérieurs. Je n'aperçois dans nos annales qu'une seule exception à cette règle ; encore faudra-t-il que, par une assimilation si souvent trompeuse, les représentants légaux du pays soient considérés comme les interprètes fidèles des vœux, des sentiments, des opinions de la majorité. L'exception dont je veux parler, c'est le gouvernement directorial qui me la fournira.

Lorsque les élections de l'an v apportèrent un nombreux renfort de royalistes aux deux minorités du conseil des Cinq-Cents et du conseil des Anciens, qui jusque-là s'étaient bornés à faire au Directoire une opposition très-modérée ; lorsque, forte de ce qu'elle pensait être l'appui populaire, la minorité se croyant devenue majorité, levait le masque jusqu'à nommer à la présidence du conseil des Cinq-Cents ce même Pichegru, qui naguère flétrissait par la trahison les lauriers qu'il avait cueillis en Hollande au nom de la République ; lorsque les ennemis du pouvoir directorial dévoilaient ouvertement leurs projets dans les salons du célèbre club de Clichy ; lorsque, aux récriminations, aux accusations réciproques, parvenues au dernier terme de l'exaltation, succédaient déjà des voies de fait contre les patriotes et les acquéreurs de biens nationaux, nos troupes étaient partout triomphantes. L'armée de Rhin-et-Moselle sous les ordres de Moreau, l'armée de Sambre-et-Meuse commandée par Jourdan, venaient de traverser glorieusement le Rhin ; elles marchaient au cœur de l'Allemagne ; l'armée d'Italie était à vingt lieues de Vienne ; Bonaparte signait à Léoben les préliminaires d'un traité de paix vivement attendu. Il pouvait, sans compromettre les négociations, se montrer difficile même sur de simples questions d'étiquette ; il pouvait *refuser* NET de mettre dans les protocoles le nom de l'empereur d'Allemagne avant celui de la République française ; il pouvait aussi, quand le général Meerweld et le marquis de Gallo lui parlaient de reconnaissance, répliquer, sans forfanterie, par ces mémorables paroles : « La République française ne veut pas être reconnue ; elle est en Europe ce qu'est le soleil sur l'horizon ; tant pis pour qui ne veut pas la voir et en profiter. » Est-il donc étonnant, je vous le demande, Messieurs, que, dans une position si favorable de nos affaires extérieures, Carnot crût à la possibilité d'une conciliation entre les partis politiques qui se partageaient le pays ; qu'il refusât, j'emploie à dessein ses propres paroles, de conjurer le danger en sortant des limites de la constitution ; qu'il repoussât loin de lui toute pensée de coup d'État, moyen assurément très-commode de sortir d'embarras, mais moyen dangereux, et qui presque toujours finit par devenir funeste à ceux-là même qui l'ont employé à leur profit.

J'aurais vivement désiré, Messieurs, pouvoir pénétrer plus avant dans l'examen du rôle que joua Carnot à cette époque critique de notre révolution ; je n'ai rien négligé pour soulever quelque coin du voile dont reste encore couvert un événement qui exerça tant d'influence sur la destinée de notre confrère et sur celle du pays : mes efforts, je l'avoue, ont été infructueux. Les documents ne manquent pas, mais ils émanent presque tous d'écrivains trop intéressés soit à excuser, soit à flétrir le 18 fructidor, pour n'être pas suspects. Les récriminations pleines d'âcreté, de violence, auxquelles d'anciens collègues se livrèrent alors les uns contre les autres, m'ont rappelé cette célèbre et si sage déclaration de Montesquieu : « N'écoutez ni le père Tournemine, ni moi, parlant l'un de l'autre ; car nous avons cessé d'être amis. » Les antécédents, les opinions, le caractère, les démarches connues et avouées des divers personnages qui firent ce coup d'État ou en devinrent les victimes, n'auraient guère été un guide plus fidèle. J'aurais vu Hoche marcher un moment contre son protecteur constant et zélé, contre celui qui lui avait sauvé la vie sous le régime de Robespierre, et qui transformait, en 1793, les galons du jeune sergent d'infanterie en épaulettes de général en chef ; j'eusse trouvé Bonaparte contribuant, par son délégué Augereau, au renversement et à la proscription du seul directeur avec lequel il eut conservé des relations intimes pendant la campagne d'Italie ; je l'aurais vu, à son passage à Genève, faire arrêter le banquier Bontemps, sous le prétexte qu'il avait favorisé l'évasion de ce même Carnot à qui, quelques mois auparavant, lui, Bonaparte, écrivait de Plaisance (20 floréal an IV), de Milan (le 20 prairial de la même année), de Vérone (le 9 pluviôse an V) : « Je vous dois des remerciements particuliers pour les attentions que vous voulez bien avoir pour ma femme ; je vous la recommande ; elle est patriote sincère, et je l'aime à la folie... — Je mériterai votre estime ; je vous prie de me conserver votre amitié. — ... La récompense la plus douce des fatigues, des dangers, des chances de ce métier-ci, se trouve dans l'approbation du petit nombre d'hommes qu'on apprécie. — ... J'ai toujours eu à me louer des marques d'amitié que vous m'avez données, à moi et aux miens, et je vous en conserverai toujours une vraie reconnaissance. — ... L'estime d'un petit nombre de personnes comme vous, celle de mes camarades, du soldat... m'intéressent vivement. »

Des deux républicains sincères que renfermait le Directoire exécutif, j'en aurais rencontré un parmi les fructidorisants, l'autre parmi les fructidorisés ; le satrape Barras, de qui on avait pu dire, sans exciter de réclamation, qu'il était toujours vendu et toujours à vendre, se serait offert à moi comme l'ami, comme l'allié, ou du moins comme le confident intime de l'austère, du probe La Révellière ; j'aurais vu ce même Barras qui déjà peut-être, à cette époque, correspondait directement avec le comte de Provence, entouré d'une cohue de séides, dont aucun, pour le dire en passant, ne refusa plus tard la livrée impériale, renverser sous d'incessantes accusations de royalisme le seul homme de nos assemblées qui, toujours fidèle à ses convictions, combattit pied à pied l'insatiable ambition de Bonaparte.

Cherchant ensuite dans les faits, mais uniquement dans les faits, si la majorité des Conseils était réellement factieuse ; si la contre-révolution ne pouvait se conjurer que par un coup d'État, si le 18 fructidor enfin était inévitable, j'aurais trouvé, et cela malgré les concessions mutuelles que se firent sans doute les proscripteurs, comme au temps d'Octave, de Lépide, d'Antoine, j'aurais trouvé une élimination ou, si l'on veut, une épuration de quarante et un membres seulement dans le conseil des Cinq-Cents, et de onze dans le conseil des Anciens.

Le fil qui pourrait guider sûrement l'historien dans ce labyrinthe de faits contradictoires, je le répète, je ne l'ai point trouvé. Les Mémoires arrachés à la famille de Barras par ordre de Louis XVIII ; les Mémoires que La Révellière a laissés, et dont il est si désirable que le public ne soit pas plus longtemps privé ; les confidences que, d'un autre côté, on est en droit d'attendre de la part de quelques-unes des victimes du coup d'État directorial, dissiperont peut-être tous les nuages. Dieu veuille, pour l'honneur du pays, qu'en fin de compte la mutilation violente et illégale de la représentation nationale n'apparaisse pas comme le résultat exclusif de haines, d'antipathies personnelles excitées ou du moins entretenues en grande partie par les intrigues de plusieurs femmes célèbres. Au reste les investigations des historiens à venir, quelque étendues, quelque complètes qu'elles puissent être, ne jetteront aucun louche sur la parfaite loyauté de notre confrère. Déjà il ne reste plus de vestiges des accusations articulées dans le rapport officiel présenté en l'an VI au conseil des Cinq-Cents : en quelques pages, Carnot les réduisit au néant. Tout ce que la malveillance ou la simple préoccupation osent emprunter aujourd'hui au pamphlet si artificieusement élaboré de Bailleul se réduit à un reproche banal grossièrement exprimé, et dont j'aurais dédaigné de faire mention, si Carnot n'avait indiqué lui-même à quelles conditions il l'acceptait.

Les roués politiques qualifient de *niais* tous ceux qui dédaigneraient des succès achetés aux dépens de la bonne foi, de la loyauté, de la morale ; mais il ne faut pas s'y méprendre, *niais* est l'épithète polie ; *stupide* est celle qu'on préfère alors qu'on ne se croit pas tenu à des ménagements et au langage de la bonne compagnie. Cette épithète, dédaigneusement jetée dans le rapport officiel de Bailleul, avait cruellement blessé Carnot ; elle est ironiquement reproduite presque à chaque page de la réponse de notre confrère. « Oui, dit-il quelque part, le *stupide* Aristide est chassé de son pays ; le *stupide* Socrate boit la ciguë ; le *stupide* Caton est réduit à se donner la mort ; le *stupide* Cicéron est assassiné par l'ordre des triumvirs ; oui ! le *stupide* Phocion aussi est conduit au supplice, mais glorieux de subir le sort réservé de tout temps à ceux qui servent bien leur pays. »

Carnot s'échappa du Luxembourg à l'instant même où des sbires entraient dans sa chambre pour l'arrêter. Une famille d'artisans bourguignons le recueillit et le cacha. Ceux dont la vie est une série non interrompue de privations savent toujours compatir au malheur. Notre confrère se réfugia ensuite chez M. Oudot, grand partisan du coup d'État du 18 fructidor, et où, dès lors, personne ne se serait avisé de chercher le directeur proscrit. Carnot n'avait pas encore quitté Paris lorsqu'on le raya de la liste des membres de cet Institut national à la création duquel il avait tant contribué.

Des lois rendues les 19 et 20 fructidor an v déclaraient vacantes toutes les places occupées par les citoyens que le coup d'État du 18 avait frappés. Le ministre de l'intérieur, Letourneux, écrivit donc à l'Institut pour lui enjoindre de procéder au remplacement de Carnot. Les trois classes concouraient alors à la nomination des membres de chacune d'elles. *Cent quatre* votants prirent part au scrutin ; l'urne ne reçut aucun billet blanc !

Je sais, Messieurs, à quel point, en temps de révolution, les esprits les plus droits, les plus fermes, subissent l'influence de l'opinion publique ; je sais qu'a la distance qui nous sépare du 18 fructidor, personne ne peut se croire le droit de jeter le moindre blâme sur la condescendance que montra l'Institut pour les ordres ministériels ; toutefois, j'exprimerai ici franchement le regret que d'impérieuses circonstances n'aient pas permis à nos honorables devanciers de tracer, dès l'ère fructidorienne, une ligne de démarcation tranchée entre l'homme politique et l'homme d'étude. Sous la Régence, dans l'affaire de l'abbé de Saint-Pierre, Fontenelle avait déjà, par une boule courageuse, protesté contre cette prétention de tous les pouvoirs, de confondre ce que l'intérêt des sciences, des lettres, des arts, commande de tenir éternellement séparé. Si en l'an v de la République *cinquante-trois* votants avaient eu la hardiesse d'imiter Fontenelle, l'Institut n'eût pas subi, sous la Restauration, des mutilations cruelles ; privés de l'appui que leur donnaient de fâcheux précédents, plusieurs ministres n'auraient certainement pas eu l'inqualifiable pensée de créer à Paris une Académie des sciences sans Monge, une Académie des beaux-arts sans David !

Vous êtes étonnés, sans doute, que je n'aie pas encore fait connaître le nom du personnage qui succéda à Carnot dans la première classe de l'Institut ; eh ! Messieurs, c'est que j'ai reculé, tant que je l'ai pu, devant un devoir pénible. Quand il procédait au remplacement d'un de ses fondateurs, d'un de ses membres les plus illustres, l'Institut obéissait, du moins, à une loi formelle rendue par les pouvoirs de l'État ; mais est-il, je vous le demande, aucune considération au monde qui doive faire accepter la dépouille académique d'un savant victime de la rage des partis, et cela surtout lorsqu'on se nomme le général Bonaparte ? Comme vous tous, Messieurs, je me suis souvent abandonné à un juste sentiment d'orgueil en voyant les admirables proclamations de l'armée d'Orient signées : LE MEMBRE DE L'INSTITUT, *général en chef* ; mais un serrement de cœur suivait ce premier mouvement, lorsqu'il me revenait à la pensée que *le membre de l'Institut* se parait d'un titre qui avait été enlevé à son premier protecteur et à son ami.

Je n'ai jamais cru, Messieurs, qu'il fût utile de créer, aux dépens de la vérité, des êtres d'une perfection idéale ; et voilà pourquoi, malgré quelques bienveillants conseils, j'ai persisté à divulguer ce que vous venez d'entendre sur la nomination du général Bonaparte à l'Institut. Au reste, dans votre bouche, me disait un *napoléoniste quand même*, l'anecdote est sans gravité : tout le monde ne sait-il pas que les astronomes cherchent des taches dans le soleil ! Ainsi, Messieurs, ma position m'aura donné le privilége de dire la vérité sans blesser personne, ce qui, par parenthèse, est infiniment rare !

Je regrette de n'avoir pu découvrir le nom du généreux citoyen qui arracha Carnot à sa retraite et le conduisit heureusement dans sa chaise de poste jusqu'à Genève.

Arrivé dans cette ville, Carnot se logea chez un blanchisseur, sous le nom de Jacob. La prudence lui commandait une retraite absolue ; le désir d'avoir des nouvelles certaines de sa chère patrie l'emporta ; il sortit, fut reconnu dans la rue par des espions du Directoire, qui s'attachèrent à ses pas, découvrirent sa demeure, et la firent immédiatement surveiller. Des agents français, accrédités auprès de la république de Genève, poussèrent hautement le cri d'extradition, et portèrent même officiellement cette demande au gouvernement genevois. Le magistrat aux mains duquel tomba d'abord la pièce diplomatique était, heureusement, un homme de cœur et de conscience, qui sentit toute l'étendue de la flétrissure qu'on voulait infliger à son pays. Ce magistrat s'appelait M. Didier. À cette place, Messieurs, ce serait un crime de ne pas citer un nom honorablement connu dans les lettres, quand il se rattache à une belle action. M. Didier écrivit à Carnot ; il l'avertissait du danger qu'il courait, le suppliait de quitter sur-le-champ sa demeure, et lui indiquait le point du lac où l'attendait un batelier, qui le transporterait à Nyon. Il était déjà bien tard ; les sbires du Directoire guettaient leur proie. Notre confrère va droit à son hôte, et, sans autre préambule, lui demande excuse de s'être introduit dans sa maison sous un nom supposé. « Je suis, ajoute-t-il, un proscrit, je suis Carnot ; on va m'arrêter ; mon sort est dans vos mains : voulez-vous me sauver ? — Sans aucun doute, » répond l'honnête blanchisseur ; aussitôt il affuble Carnot d'une blouse, d'un bonnet de coton, d'une hotte ; il dépose sur sa tête un large paquet de linge sale, qui, en fléchissant, tombe jusqu'aux épaules du prétendu Jacob, et couvre sa figure. C'est à la faveur d'un pareil déguisement que l'homme à qui naguère il suffisait de quelques lignes pour ébranler ou arrêter dans leur marche des armées commandées par les Marceau, les Hoche, les Moreau, les Bonaparte ; pour répandre l'espérance ou la crainte à Naples, à Rome, à Vienne ; c'est, triste retour des choses d'ici-bas, c'est comme garçon de service d'une buanderie qu'il gagne, sain et sauf, le petit batelet qui doit le faire échapper à la déportation. Sur le batelet, une nouvelle et bien étrange émotion attendait Carnot. Dans le batelier aposté par M. Didier, il reconnaît ce même Pichegru dont les coupables intrigues avaient rendu le 18 fructidor peut-être inévitable. Pendant toute la traversée du lac, pas une seule parole ne fut échangée entre les deux proscrits. Le temps, le lieu, les circonstances, semblaient en effet peu propres à des débats politiques, à des récriminations ! Carnot, au reste, eut bientôt à se féliciter de sa réserve : à Nyon, la lecture des journaux français lui apprit qu'il avait été trompé par une ressemblance fortuite ; que son compagnon de voyage, loin d'être un général, n'avait jamais fait manœuvrer que sa frêle embarcation, et que Pichegru, arrêté par Augereau, attendait la déportation dans une des prisons de Paris. Carnot était encore à Nyon lorsque Bonaparte, venant d'Italie, traversa cette petite ville en se rendant à Rastadt. Comme tous les autres habitants, il illumina ses fenêtres pour rendre hommage au général.

Si le cadre que je me suis tracé m'amenait plus tard à parler de la rare et sincère modestie de Carnot, on ne m'opposerait pas, j'espère, la petite illumination de Nyon. Quand il plaçait deux chandelles sur sa fenêtre, en l'honneur de victoires auxquelles il avait concouru par ses ordres, ou du moins par ses conseils, Carnot proscrit, Carnot sous le coup d'une menace d'extradition et d'un exil dans les déserts de la Guyane, devait assurément être agité de sentiments bien divers ; mais il n'est nullement présumable que l'orgueil figurât dans le nombre.

18 BRUMAIRE. — RENTRÉE DE CARNOT EN FRANCE. — SA NOMINATION AU MINISTÈRE DE LA GUERRE. — SA DÉMISSION. — SON PASSAGE AU TRIBUNAT.

Depuis plus de deux ans, Carnot avait disparu de la scène politique ; depuis plus de deux ans, il vivait à Augsbourg sous un nom supposé, exclusivement occupé de la culture des sciences et des lettres, lorsque le général Bonaparte revint d'Égypte, et renversa d'un souffle, le 18 brumaire, un gouvernement qui n'avait pas su prendre racine dans le pays. Un de ses premiers actes fut le rappel de l'illustre exilé, et sa nomination au ministère de la guerre. L'ennemi était alors à nos portes. Carnot n'hésita pas à accepter ; mais peu de mois après, quand les immortelles victoires de Marengo et d'Hohenlinden eurent donné à nos armes une supériorité incontestable, lorsque l'indépendance du pays fut de nouveau assurée, Carnot se démit de ses fonctions. Il ne voulut pas consentir à paraître complice des changements qui se préparaient dans la forme du gouvernement. « Citoyens consuls, écrivait-il le 16 vendémiaire an IX, je vous donne de nouveau ma démission ; veuillez bien ne pas différer à l'accepter. »

Ce n'est pas avec cette sécheresse qu'on se sépare pour un léger dissentiment. La lettre que je viens de lire était le corollaire des vifs combats que la République et l'Empire se livraient déjà chaque jour dans les personnes du *premier consul* et du *ministre de la guerre*.

Rappelé aux affaires publiques, comme tribun, en 1802, Carnot s'oppose à la création de la Légion d'honneur. Il croit, j'allais dire il devine, qu'une distinction décernée sans enquête, par la volonté non contrôlée d'une seule personne, finira, malgré son titre fastueux, et d'après le cours naturel des choses de ce monde, par ne plus être qu'un moyen de se faire des créatures, et de réduire au silence une fourmilière de petites vanités. Carnot s'élève aussi de toutes ses forces contre l'érection du consulat à vie ; mais c'est surtout au moment où l'on propose de porter Bonaparte au trône impérial qu'il redouble d'ardeur et d'énergie. L'histoire a déjà recueilli ses nobles paroles ; elle dira aussi qu'entouré de vieux jacobins, qu'entouré de ceux-là mêmes qui, au 18 fructidor, l'avaient poursuivi comme royaliste, Carnot reste presque *seul* debout au milieu de la défection générale, ne fût-ce que pour montrer au monde que la conscience politique n'est pas un vain nom.

Le Tribunat fut bientôt supprimé. Carnot rentra dans la vie privée ; je ne dis pas avec joie, Messieurs, car chez notre confrère les vertus du citoyen occupèrent toujours la première place ; car il avait espéré que, nouveau Washington, le général Bonaparte mettrait à profit une occasion unique de fonder, en France, l'ordre et la liberté sur des bases inébranlables ; car tout homme initié aux affaires publiques et doué de quelque prévoyance ne voyait pas sans inquiétude les rênes de l'État placées sans contrôle et sans garantie aux mains d'un soldat ambitieux. Je pourrai, du moins, vous montrer que les loisirs de Carnot furent noblement, glorieusement employés.

PUBLICATION DE LA GÉOMÉTRIE DE POSITION.

On rapporte qu'un jeune étudiant, presque découragé par quelques difficultés inhérentes aux premiers éléments des mathématiques, alla consulter d'Alembert, et que ce grand géomètre lui répondit : *Marchez, Monsieur ; marchez, et la foi vous viendra !*

Le conseil était bon, et les géomètres en masse l'ont suivi ; ils *marchent*, eux aussi ; ils perfectionnent les méthodes, ils en multiplient les applications sans se préoccuper de deux ou trois points où la métaphysique de la science offre des obscurités. Est-ce à dire pour cela qu'on doive à jamais renoncer à remplir ces lacunes ? Tel n'était pas l'avis de Carnot. Nous l'avons déjà vu consacrant les courts moments de repos que lui laissaient ses fonctions directoriales à la métaphysique du calcul infinitésimal ; la suppression du Tribunat lui permettra de soumettre à des investigations pareilles une question non moins ardue, la question des quantités négatives.

Il arrive souvent qu'après avoir mis un problème en équation, l'analyse vous offre, parmi les solutions cherchées, des nombres négatifs ; par exemple : *moins* 10 ; *moins* 50 ; *moins* 100 ; ces solutions, les anciens analystes ne savaient de quelle manière les interpréter. Viète lui-même les négligeait comme absolument inutiles, comme insignifiantes. Peu à peu on s'habitua à voir, dans les nombres négatifs, des quantités plus petites que zéro. Newton et Euler ne les définissaient pas autrement (*Arithmétique universelle* et *Introduction à l'analyse infinitésimale*). Cette notion s'est aujourd'hui introduite dans la langue vulgaire : le plus petit marchand comprend à merveille la position d'un correspondant qui lui annonce des bénéfices négatifs. La poésie a donné aussi sa sanction à la même pensée, témoin ces deux vers par lesquels Chénier stigmatisait ses ennemis politiques, les rédacteurs du *Mercure de France* :

> Qu'ont fait ces nains lettrés qui, sans littérature,
> *Au-dessous du néant,* soutiennent le *Mercure.*

Eh bien ! Messieurs, c'est une notion placée ainsi sous l'autorité des plus grands géomètres des temps modernes ; c'est une notion consacrée par l'assentiment de qui a, comme on dit, plus d'esprit que Voltaire, que Rousseau, que Bonaparte, par l'assentiment de la généralité du public, que Carnot a combattue avec les armes acérées de la logique.

Rien assurément de plus simple que la notion d'une quantité négative quand cette quantité est accolée à une quantité positive plus grande qu'elle ; mais une quantité négative détachée, mais une quantité négative prise isolément, doit-elle être réellement considérée comme au-dessous de zéro, et à plus forte raison comme inférieure à une quantité positive ? Carnot, d'accord en ce point avec d'Alembert, celui des grands mathématiciens du dernier siècle qui s'est le plus occupé de la philosophie de la science, soutient que les quantités négatives isolées figurent dans des opérations avouées de tout le monde, et où, cependant, il ne serait pas possible de les supposer au-dessous de zéro. Malgré l'aridité de pareils détails, je citerai une de ces opérations. Personne ne nie que

$$+ 10 \text{ ne soit à } - 10 \text{ comme } - 10 \text{ est à } + 10.$$

Pour que quatre nombres forment une proportion, il faut et il suffit, en effet, que, si ces quatre nombres sont convenablement rangés par ordre, le produit des extrêmes soit égal à celui des moyens. Il n'y a pas lieu à s'effaroucher, Messieurs ; ce que j'invoque ici n'est autre chose que le principe de la fameuse *règle de trois* des maîtres d'écriture et d'arithmétique ; c'est le principe du calcul qui s'exécute quelques centaines de mille fois par jour dans les boutiques de la capitale, Or, dans la proportion que je viens de citer, le produit des extrêmes est + 100 comme le produit des moyens ; ainsi

$$+ 10 : - 10 :: - 10 : + 10.$$

Cependant, si + 10, premier terme de la proportion, surpasse le second terme − 10, il est impossible de supposer en même temps que − 10, premier terme du second rapport, surpasse + 10, second terme de ce même second rapport ; − 10 ne saurait, à la fois, être inférieur et supérieur à + 10.

Tel est en substance un des principaux arguments sur lesquels notre confrère se fonde pour soutenir que la notion de grandeur absolue ou comparative ne doit pas plus être appliquée aux quantités négatives qu'aux imaginaires ; qu'il n'y a pas lieu à examiner si elles sont plus grandes ou plus petites que zéro ; qu'il faut les considérer *comme des êtres de raison, comme de simples formes algébriques.*

Lorsque le génie de Descartes eut montré que les positions de toutes les courbes possibles, que leurs formes, que l'ensemble de leurs propriétés peuvent être implicitement renfermées dans des équations analytiques, la question des quantités négatives se présenta sous un jour entièrement nouveau. L'illustre philosophe établit lui-même en principe qu'en géométrie ces quantités ne diffèrent des quantités positives que par la direction des lignes sur lesquelles on doit les compter. Cette vue profonde et simple est malheureusement sujette à des exceptions. Supposons, par exemple, que d'un point pris hors d'un cercle on se propose de mener une droite tellement située que la portion comprise dans ce cercle ait une longueur donnée. Si l'on prend pour inconnue la distance du point d'où la droite doit partir au point de la circonférence qu'elle rencontrera d'abord, le calcul donne deux valeurs : l'une, *positive*, correspond au premier point d'intersection de la droite cherchée et du cercle ; l'autre, *négative*, détermine la place de la seconde intersection. Or, qui ne voit que ces deux longueurs, l'une positive, l'autre négative, doivent cependant être portées du même côté du point de départ de la droite ?

Carnot s'est proposé de faire disparaître ces exceptions. Les solutions négatives isolées, il ne les admet pas plus en géométrie qu'en algèbre. Pour lui ces solutions, abstraction faite de leurs signes, sont les différences de deux autres quantités absolues ; celle de ces quantités qui était la plus grande dans le cas sur lequel on a établi le raisonnement, se trouve seulement la plus petite lorsque la racine négative apparaît. En géométrie comme en algèbre, la racine négative, prise avec le signe +, est donc la solution d'une question différente de celle qu'on a mise ou du moins de celle qu'on a exclusivement voulu mettre en équation. Comment arrive-t-il maintenant que des problèmes étrangers se mêlent au problème unique que le géomètre voulait résoudre : que l'analyse réponde avec une déplorable fécondité à des questions qu'on ne lui a pas faites ; que si on lui demande, par exemple, de déterminer parmi toutes les ellipses qu'on peut faire passer par quatre points donnés celle dont la surface est un maximum, elle donne trois solutions, quand évidemment il n'y en a qu'une de bonne, d'admissible, d'applicable ; qu'à l'insu du calculateur, et contre son gré, elle groupe ainsi, dans ce cas, un problème relatif à la surface limitée de l'ellipse, avec un problème concernant l'hyperbole, courbe à branches indéfinies, et dès lors nécessairement à une surface indéfinie ? Voilà ce qui avait besoin d'être éclairci, voilà ce dont la théorie de la *corrélation des figures* et la *Géométrie de position* que Carnot a rattachées à ses vues si ingénieuses sur les quantités négatives, donnent *le plus ordinairement* des solutions faciles.

Depuis les travaux de notre confrère, chacun applique ainsi sans scrupule la formule établie sur un état particulier de telle ou telle courbe, à toutes les formes différentes que cette courbe peut prendre. Ceux qui liront les ouvrages des anciens mathématiciens, la collection de Pappus, par exemple ; ceux qui verront même, dans le siècle dernier, deux géomètres célèbres, Simson et Stewart, donner autant de démonstrations d'une proposition que la figure à laquelle elle se rapportait pouvait prendre de positions ou de formes différentes par le déplacement de ses parties ; ceux-là, dis-je, porteront très-haut le service que Carnot a rendu à la géométrie. Je voudrais pouvoir dire avec la même vérité que les vues de notre confrère se sont plus ou moins infiltrées dans cette multitude de traités élémentaires que chaque année voit paraître, qu'elles ont contribué à perfectionner l'enseignement ; mais, sur ce point, je n'ai guère à exprimer que des regrets. Aujourd'hui la partie philosophique de la science est très-négligée ; les moyens de briller dans un examen ou concours marchent en première ligne ; sauf quelques rares exceptions, les professeurs songent beaucoup plus à familiariser les élèves avec le mécanisme du calcul qu'à leur en faire sonder les principes. Je ne sais, en vérité, si on ne pourrait pas dire, de certaines personnes, qu'elles emploient l'analyse comme la plupart des manufacturiers se servent de la machine à vapeur, sans se douter de son mode d'action. Et qu'on ne prétende pas que cet enseignement vicieux soit un sacrifice obligé à la passion dominante de notre époque, à la rage d'aller vite en toutes choses. Des membres illustres de cette Académie n'ont-ils pas montré, dans des ouvrages de géométrie et de statique devenus justement célèbres, que la plus extrême rigueur n'exclut pas la concision ?

La *Géométrie de position* de Carnot n'aurait pas, sous le rapport de la métaphysique de la science, le haut mérite que je lui ai attribué, qu'elle n'en serait pas moins l'origine et la base des progrès que la géométrie, cultivée à la manière des anciens, a faits depuis trente ans en France et en Allemagne. Les nombreuses propriétés de l'espace que notre confrère a découvertes montrent, à tous les yeux, la puissance et la fécondité des méthodes nouvelles dont il a doté la science. Qu'on me permette de justifier par quelques citations l'opinion favorable que je me suis formée des méthodes d'investigation trouvées par Carnot.

« Si d'un point donné on imagine trois plans perpendiculaires entre eux qui coupent une sphère, la somme des surfaces des trois cercles formant les intersections sera toujours la même, quelques directions qu'on donne à ces plans, pourvu qu'ils ne cessent pas de couper tous les trois la sphère. »

— « Dans tout trapèze, la somme des carrés des diagonales est égale à la somme des carrés des côtés non parallèles, plus deux fois le produit des côtés parallèles. »

— « Dans tout quadrilatère plan ou gauche, la somme des carrés des deux diagonales est double de la somme des carrés des deux droites qui joignent les points milieux des côtés opposés. »

J'aurai atteint mon but si ces citations, que je pourrais multiplier à l'infini, inspirent aux professeurs de mathématiques le désir de voir, par eux-mêmes, dans la *Géométrie de position* de Carnot, comment tous ces théorèmes curieux découlent avec facilité des méthodes de notre illustre confrère.

CARNOT INVENTEUR D'UN NOUVEAU SYSTÈME DE FORTIFICATIONS.

Il y aurait dans cette biographie une lacune qui deviendrait l'objet de vos justes critiques si, malgré tant de points de vue différents sous lesquels j'ai déjà envisagé l'imposante figure de Carnot, je négligeais de vous parler de l'ingénieur militaire, de l'inventeur d'un nouveau système de fortifications.

Vous vous rappelez sans doute les vifs débats que Carnot eut à soutenir, dès son entrée dans la carrière militaire, avec les chefs de l'arme à laquelle il appartenait. Un caractère droit et inflexible lui faisait déjà repousser le joug pesant de l'esprit de corps. L'âge mûr ne démentit pas un si honorable début. Carnot trouva aussi dans sa raison élevée le secret de se soustraire aux préoccupations, quelquefois passablement burlesques, des hommes trop exclusivement livrés à une spécialité. Les officiers du génie eux-mêmes n'ont pas toujours échappé à de semblables travers. Eux aussi poussent quelquefois jusqu'à l'exagération les conséquences d'un excellent principe. On en a vu, je suis du moins certain de l'avoir entendu dire, on en a vu qui ne parcourent pas une vallée, qui ne gravissent pas une colline, qui ne franchissent pas un pli de terrain sans former le projet d'y établir une grande fortification, un château crénelé, ou une simple redoute. La pensée qu'avec la facilité actuelle des communications, chaque point du territoire peut devenir un champ de bataille les obsède sans cesse ; c'est pour cela qu'ils s'opposent à l'ouverture des routes, à la construction des ponts, au défrichement des bois, au desséchement des marais. Les places de guerre ne leur paraissent jamais complètes ; chaque année, ils ajoutent de nouvelles et dispendieuses constructions à celles que les siècles y avaient déjà entassées ; l'ennemi aurait, sans aucun doute, beaucoup à faire pour franchir tous les défilés étroits et sinueux, toutes les portes crénelées, tous les ponts-levis, toutes les palissades, toutes les écluses destinées aux manœuvres d'eau, tous les remparts, toutes les demi-lunes que réunissent les forteresses modernes ; mais en attendant un ennemi qui ne se présentera peut-être jamais, les habitants d'une cinquantaine de grandes villes sont privés de génération en génération, de certains agréments, de certaines commodités qui rendent la vie plus douce et dont on jouit librement dans le plus obscur village.

Au reste, ce n'est pas de ma bouche que sortiront jamais de rudes paroles de blâme contre des préoccupations, si même préoccupations il y a, qui seraient inspirées par le plus noble des sentiments, par l'amour de l'indépendance nationale ; en toutes choses cependant il faut une certaine mesure ; l'économie poussée à l'extrême, n'est-ce pas la hideuse avarice ? La fierté ne dégénère-t-elle point en orgueil ; la politesse en afféterie ; la franchise en rudesse ? C'est en pesant dans une balance exacte le bien et le mal attachés à toutes les créations humaines, qu'on se maintient dans la route de la vraie sagesse ; c'est ainsi que malgré l'empire de l'exemple et de l'habitude, que malgré l'influence, ordinairement si puissante de l'uniforme, l'officier du génie Carnot étudia toujours les graves problèmes de fortification.

En 1788, des militaires français, enthousiastes jusqu'au délire des campagnes du grand Frédéric, proclament hautement la parfaite inutilité des places fortes. Le gouvernement paraît souscrire à cette étrange opinion ; il n'ordonne pas encore la démolition de tant d'antiques et glorieuses murailles ; mais il les laisse tomber d'elles-mêmes. Carnot résiste à l'entraînement général, et fait remettre à M. de Brienne, ministre de la guerre, un Mémoire où la question est examinée sous toutes ses faces avec une hardiesse de pensée, avec une ardeur de patriotisme, d'autant plus dignes de remarque que les exemples en étaient alors devenus fort rares. Il montre que dans une guerre défensive, la seule qu'il conseille, la seule qu'il croie légitime, nos forteresses du Nord pouvaient tenir lieu de plus de *cent mille* hommes de troupes réglées ; qu'un royaume entouré de nations rivales est toujours dans un état précaire quand il n'a que des troupes sans forteresses. Abordant enfin la question financière, Carnot affirme (ce résultat, j'en suis convaincu, étonnera mon auditoire comme il m'a étonné moi-même), Carnot affirme à plusieurs reprises que, loin d'être un gouffre où tous les trésors de l'État allaient sans cesse s'engloutir, les nombreuses forteresses du royaume, depuis l'origine de la monarchie, depuis la fondation des plus anciennes, n'ont pas autant coûté que la seule cavalerie de l'armée française en vingt-six ans ; et veuillez le remarquer, à la date du Mémoire de Carnot, vingt-six ans s'étaient précisément écoulés sans que notre cavalerie eût tiré l'épée.

Eh bien, Messieurs, devenu membre de l'Assemblée législative, l'ardent avocat des places proposa, non pas, quoi qu'on en ait dit, la destruction complète des fortifications spéciales indépendantes adossées à ces places, et qu'on appelle des citadelles, mais seulement la démolition de ceux de leurs remparts qui jadis les isolaient. Sans doute la certitude qu'il existe un lieu de retraite assurée doit, en temps de siége, exciter les soldats à prolonger la défense, à courir la chance hasardeuse des assauts ; mais, à côté de cet avantage, les citadelles s'offraient à l'esprit comme de véritables bastilles dont les garnisons pouvaient foudroyer les villes, les rançonner, les soumettre à tous leurs caprices. Dans l'âme éminemment citoyenne de Carnot, cette considération prévalut. L'officier du génie proscrivit les citadelles, et malgré de bruyantes clameurs, son opinion consciencieuse a prévalu.

Il n'en est pas tout à fait de même des nouveaux systèmes de fortifications et de défense imaginés par notre confrère. Ils n'ont fait jusqu'ici de prosélytes que parmi les étrangers. Est-ce à tort, est-ce à bon droit que nos plus habiles officiers les repoussent ? Dieu me garde de trancher une pareille question. Tout ce que je pourrai entreprendre, ce sera d'indiquer en quoi elle consiste, et même, pour être compris, je serai obligé de faire un nouvel appel à votre bienveillante attention.

Les plus anciennes fortifications, les premiers remparts, furent de simples murailles plus ou moins épaisses formant autour des villes, des enceintes continues percées d'un petit nombre de portes pour l'entrée et pour la sortie des habitants. Afin que leur escalade devînt difficile, ces remparts étaient très-élevés du côté de la campagne ; d'ailleurs un fossé susceptible d'être inondé les en séparait ordinairement.

Les remparts même, dans leur partie la plus haute, avaient une certaine largeur. C'était là que les populations des villes se portaient en cas d'attaque ; c'était de là que, cachées en partie derrière un petit mur appelé aujourd'hui *parapet*, elles faisaient tomber une grêle de traits sur les assaillants. Les plus timides avaient même la facilité de ne viser l'ennemi qu'à travers des ouvertures étroites, qui figurent encore dans les fortifications modernes sous le nom de *meurtrières* ou de *créneaux.*

L'assiégeant ne commençait à devenir vraiment redoutable qu'à partir du moment où, parvenu au pied des remparts, il pouvait, à l'aide de toutes sortes d'outils, d'engins ou de machines, en saper les fondations. Agir alors vivement et à volonté contre lui était donc pour l'assiégé la condition indispensable d'une bonne défense. Or, qu'on se figure un soldat placé au sommet d'un mur ; évidemment, il n'en apercevra le pied qu'en se penchant en avant, qu'en mettant presque tout son corps à découvert, qu'en perdant les avantages que lui assurait le parapet à l'abri duquel il n'aurait pu sans cela lancer ses traits, qu'en s'exposant aux coups assurés de l'adversaire qui le guettera d'en bas. Ajoutons que, dans cette position gênée, l'homme n'a ni force ni adresse. Pour remédier à quelques-uns de ces inconvénients, on couronna les murailles de ce genre de construction que les architectes appellent des encorbellements, et sur lesquels les parapets furent établis en saillie. Alors les vides, les ouvertures, ou, s'il faut employer l'expression technique, les *mâchicoulis* compris entre le parapet et le rempart, devinrent un moyen de faire tomber des pierres, des matières enflammées, etc., sur ceux qui voudraient saper les murs ou tenter l'escalade.

Frapper sans relâche l'ennemi quand il arrive au pied du rempart d'une ville est sans doute excellent ; l'empêcher d'avancer jusque-là serait encore mieux. On approcha de ce mieux, sans toutefois l'atteindre complètement, en construisant, de distance en distance, le long de la muraille de la ville, de grosses tours rondes ou polygonales formant de fortes saillies. Si l'on se transporte par la pensée derrière le parapet des plates-formes dont ces tours étaient couronnées, il sera facile de reconnaître que sans se pencher en avant, que sans avoir besoin de trop se découvrir, qu'en s'exposant beaucoup moins que les assaillants, la garnison de chaque tour pouvait apercevoir la tour voisine depuis la base jusqu'au sommet, et de plus une *certaine partie* du mur d'enceinte. De cette partie du mur, qu'on appelle aujourd'hui la *courtine,* une moitié au moins était visible jusqu'au pied par la garnison de la tour de droite, et l'autre moitié par la garnison de la tour de gauche ; de sorte qu'il n'y avait plus une seule partie du mur dont l'assiégeant pût aborder le pied sans s'exposer aux coups directs de l'assiégé. C'est en cela que consiste ce qu'on a appelé le *flanquement*.

L'invention de la poudre à canon apporta des modifications profondes au système de fortifications au point de vue de l'attaque et de la défense. À l'aide de cette invention et de celle des bouches à feu, qui en fut la conséquence, l'assiégeant aurait pu faire brèche au rempart à coups de canon, et de fort loin. D'un autre côté, l'assiégé aurait eu les moyens d'atteindre l'assiégeant longtemps avant qu'il fût parvenu, par ses cheminements, aux murs d'enceinte. On adossa alors à ces murs de vastes remblais sur lesquels l'artillerie du plus gros calibre pût se mouvoir librement. De la, la nécessité de donner au mur destiné à supporter la poussée de toutes ces terres accumulées d'énormes et dispendieuses épaisseurs. On garantit en même temps les pieds des remparts de la vue de la campagne par des remblais artistement ménagés et se mariant avec les plis naturels du terrain. En défilant ainsi les remparts, on enlevait à l'assiégeant la possibilité de faire brèche de très-loin ; on le mettait dans l'obligation de s'approcher beaucoup du corps de place, afin que le feu de son artillerie pût s'ouvrir avec efficacité contre les revêtements chargés de l'artillerie de l'assiégé.

On raconte que Soliman II tenait conseil avec ses généraux sur la manière de faire le siége de Rhodes. L'un d'entre eux, homme d'expérience, expliquait les difficultés de l'entreprise. Le sultan, pour toute réponse, lui dit : « Avance jusqu'à moi, mais songe bien que si tu poses seulement la pointe du pied sur le tapis au milieu duquel tu me vois assis, ta tête tombera. » Après quelque hésitation, le général ottoman s'avisa de soulever la redoutable draperie et de la rouler sur elle-même à mesure qu'il avançait. Il parvint ainsi, sain et sauf jusqu'à son maître. « Je n'ai plus rien à t'apprendre, s'écria ce dernier : tu connais maintenant l'art des siéges. » Telle est, en effet, l'image fidèle des premiers mouvements de celui qui veut s'emparer d'une place de guerre par une attaque en règle. Le terrain est le tapis du sultan. Il y va de sa vie s'il s'y présente à découvert ; mais qu'il fouille le terrain, qu'il amoncelle ses déblais devant lui ; qu'il roule sans cesse, en avançant, quelque peu du tapis ; et derrière cet abri mobile, les assiégeants, conduisant avec eux une puissante artillerie, s'approchent en force et en très-peu de temps des remparts des places, sans être vus de l'assiégé.

Au fond, le problème de la fortification peut être considéré comme un cas particulier de la théorie géométrique des polygones étoilés. Cet ensemble, en apparence inextricable, d'angles saillants, d'angles rentrants, de bastions, de courtines, de demi-lunes, de tenailles, etc., dont se composent les places de guerre modernes, est la solution de la question si ancienne du flanquement. On peut en quelques points varier la construction, mais le but est toujours le même. Les principes abstraits de l'art sont devenus clairs et évidents. Le corps illustre d'officiers qui, aujourd'hui, est en possession de les appliquer à la défense du pays, a eu le bon esprit de renoncer au mystère dont il s'entourait jadis, et qui lui a été si vivement reproché. La fortification s'enseigne comme toute autre science ; ses procédés sont empruntés à la géométrie la plus élémentaire ; un simple amateur peut se les rendre familiers en quelques leçons.

Remarquons maintenant que la fortification moderne a le défaut d'exiger des dépenses énormes. C'est ce défaut ruineux que Carnot voulut faire disparaître, en substituant à l'emploi des feux directs celui des feux courbes. Carnot forme l'enceinte de la place d'un mur simple non revêtu, avec escarpe et contrescarpe. Le mur peut ne pas avoir une forte épaisseur, puisqu'il n'a pas à résister à la poussée des terres destinées à porter de l'artillerie. Derrière ce mur, il place des mortiers, des obusiers, des pierriers, devant porter dans la campagne des feux courbes dont l'effet, suivant lui, doit être beaucoup plus meurtrier que celui des feux directs, et opposer au cheminement de l'ennemi des obstacles de plus en plus efficaces à mesure qu'il se rapproche. Le mur est *défilé* contre les feux directs de l'assiégeant par la contrescarpe en terre formant une des parois du fossé. Il semble donc que, pour faire brèche, il faudra, comme dans le système actuel des fortifications, venir couronner le chemin couvert, opération qui, suivant l'auteur, serait éminemment meurtrière pour l'assaillant. Ceci suppose qu'on ne peut faire brèche contre le mur de Carnot que de très-près et par le tir de plein fouet. Les expériences faites à l'étranger démentent, dit-on, cette hypothèse : en employant des feux courbes, on serait parvenu à faire brèche d'assez loin à l'aide de projectiles d'un très-gros calibre. La question n'est donc pas résolue ; la nouvelle voie ouverte par Carnot semble appeler un examen plus approfondi ; mais, dès ce moment, on doit applaudir à la tentative faite par notre illustre confrère pour rendre les moyens de défense aussi efficaces que les moyens d'attaque dus au génie de Vauban.

PUBLICATION DU TRAITÉ DE LA DÉFENSE DES PLACES FORTES.

Napoléon fut vivement irrité, en 1809, du peu de résistance que plusieurs villes de guerre avaient opposé aux attaques de l'ennemi ; aussi fit-il demander à Carnot, vers la fin de la même année, de vouloir bien rédiger, sur cette branche importante de l'art militaire, une instruction spéciale dans laquelle les gouverneurs de place apprendraient à connaître l'importance de leurs fonctions et toute l'étendue de leurs devoirs. Carnot vit dans cette mission une occasion nouvelle de se rendre utile au pays, et il n'hésita point à l'accepter, quoique alors sa santé donnât de sérieuses inquiétudes. Aux yeux de l'Empereur, le *faire vite* avait peut-être le pas sur le *faire bien*. Cette fois cependant ses espérances n'allèrent point jusqu'à supposer que la composition d'un ouvrage considérable qui pouvait exiger dix à douze grandes planches et dans lequel des exemples historiques heureusement choisis devaient sans cesse marcher à côté du précepte et l'étayer, s'exécuterait en moins d'un an. Eh bien, Messieurs, quatre mois à peine s'écoulèrent entre le moment où Carnot connut le désir de Napoléon et la date de la publication du célèbre Traité de la défense des places fortes.

CARNOT ACADÉMICIEN.

De 1807 à 1814 Carnot vécut dans la retraite ; il remplissait scrupuleusement ses devoirs d'académicien. Ce titre lui avait été rendu, le 5 germinal an VIII, après le décès de Le Roy. Presque tous les Mémoires de mécanique soumis au jugement de la première classe de l'Institut lui étaient renvoyés. Sa rare sagacité en signalait, en caractérisait, en faisait ressortir les parties neuves et saillantes avec une clarté, avec une précision remarquables. Je pourrais citer tel auteur de machines qui n'a véritablement conçu sa propre découverte qu'après avoir eu le bonheur de passer par cette savante filière. Il avait d'ailleurs un genre de mérite qui n'est pas toujours l'auxiliaire d'une grande science : il savait douter ; à ses yeux les résultats théoriques n'étaient pas infaillibles.

ÉVÉNEMENTS DE 1813.
CARNOT NOMMÉ AU COMMANDEMENT D'ANVERS.

Nous voici arrivés aux événements de 1813. Carnot n'avait pas assez de fortune pour s'abonner aux journaux. Tous les jours, à la même heure, nous le voyions arriver à la bibliothèque de l'Institut, s'approcher du feu, et lire avec une anxiété visible les nouvelles des progrès des ennemis. Le 24 janvier 1814, sa préoccupation nous parut plus vive encore que d'habitude ; il demanda du papier, et écrivit, au courant de la plume, une lettre dont vous entendrez la lecture avec intérêt :

« Sire,

« Aussi longtemps que le succès a couronné vos entreprises, je me suis abstenu d'offrir à Votre Majesté des services que je n'ai pas cru lui être agréables ; aujourd'hui, que la mauvaise fortune met votre constance à une grande épreuve, je ne balance plus à vous faire l'offre des faibles moyens qui me restent. C'est peu, sans doute, que l'offre d'un bras sexagénaire ; mais j'ai pensé que l'exemple d'un soldat dont les sentiments patriotiques sont connus pourrait rallier à vos aigles beaucoup de gens incertains sur le parti qu'ils doivent prendre, et qui peuvent se laisser persuader que ce serait servir leur pays que de les abandonner.

Il est encore temps pour vous, Sire, de conquérir une paix glorieuse, et de *faire que l'amour du grand peuple vous soit rendu.*

« Je suis, etc. »

Les détails que j'ai cru devoir vous donner sur les circonstances de la rédaction de cette lettre désabuseront, j'espère, ceux qui, accoutumés à concentrer toutes leurs affections sur la personne de Napoléon, virent dans les dernières paroles de Carnot une attaque cruelle et préparée de longue main du vieux démocrate contre celui qui avait confisqué la République à son profit. En vérité, Messieurs, il fallait être bien décidé à mettre les questions de personnes à la place de l'intérêt du pays, pour ne trouver qu'à blâmer dans l'offre de l'illustre sexagénaire d'aller défendre une forteresse, lorsque d'ailleurs, en fait de capitulations, il avait naguère résumé sa pensée dans ces belles paroles du fameux Blaise de Montluc au maréchal de Brissac : *J'aimerais mieux être mort que de voir mon nom en pareilles écritures.*

Carnot partit de Paris pour Anvers à la fin de janvier, sans même avoir vu l'Empereur. Il était temps, Messieurs ; le nouveau gouverneur n'atteignit la forteresse, le 2 février dans la matinée, qu'à travers les bivouacs de l'ennemi. Le bombardement de la ville, ou plutôt le bombardement de notre escadre, car il y avait des Anglais dans les assiégeants, commença dès le lendemain ; il dura toute la journée du 3, toute la journée du 4 et une partie du 6.

Quinze cents bombes, huit cents boulets ordinaires, beaucoup de boulets rouges et de fusées, furent lancés sur nos vaisseaux. L'ennemi se retira ensuite : il avait suffi d'une expérience de trois jours pour lui donner la mesure du rude jouteur auquel il aurait affaire.

J'emprunte au journal du siége, tenu par M. Ransonnet, aide de camp de Carnot, quelques détails qui pourront intéresser, et qui montreront l'austérité du temps et du personnage.

Le 10 février, le nouveau gouverneur d'Anvers écrit au maire de la ville :

« Je suis très-étonné que la personne chargée de faire l'état des meubles et effets pour ma maison ne se soit pas bornée au strict nécessaire.

« Je désire aussi que les demandes de cette nature qui seront faites pour mon compte n'aient pas le caractère d'une réquisition forcée.

« Tous les effets détaillés sur la note ci-jointe sont inutiles. »

Les nécessités de la campagne de Belgique ayant suggéré à l'Empereur la pensée d'emprunter quelques troupes pour l'armée active à la garnison d'Anvers, Carnot écrivit au général en chef Maison une dépêche, en date du 27 mars, d'où j'extrais les passages suivants : »

« En obtempérant aux ordres de l'Empereur, je suis obligé de vous déclarer, Monsieur le général en chef, que ces ordres équivalent à celui de rendre la place d'Anvers...

L'enceinte de cette place est immense, et il faudrait au moins quinze mille hommes de bonnes troupes pour la défendre. Comment Sa Majesté a-t-elle pu croire qu'avec trois mille marins, dont la plupart n'ont jamais vu le feu, je pourrais tenir la place d'Anvers et les huit forts qui en dépendent ?...

« Il ne reste donc plus ici à faire qu'à se déshonorer ou à mourir ; je vous prie de croire que nous sommes tous décidés à ce dernier parti...

« Je crois, Monsieur le général en chef, que si vous pouvez prendre sur vous de me laisser au moins la troupe de ligne et l'artillerie (il y avait à Anvers un détachement de la garde impériale), vous rendrez à Sa Majesté un très-grand service ; mais le tout sera prêt partir demain, si je ne reçois de vous un contre-ordre que j'attendrai avec la plus grande impatience et la plus grande anxiété. »

Outre la dépêche au général Maison je trouve à la même date une lettre au ministre de la guerre, le duc de Feltre ; j'y remarque le passage suivant :

« Quand j'ai offert à Sa Majesté de la servir, j'ai bien voulu lui sacrifier ma vie, mais non pas l'honneur. Vous savez, Monsieur le duc, que je ne suis pas dans l'usage de dissimuler la vérité, parce que je ne recherche point la faveur. La vérité est que l'état où vos ordres me réduisent est cent fois pire que la mort, parce que je n'ai de chances pour sauver le poste qui m'est confié que la lâcheté de mes ennemis. »

Bernadotte, ayant voulu détourner Carnot de la ligne de conduite qu'il s'était tracée, en reçut la réponse suivante :

10 avril 1814.

« Prince,

« C'est au nom du gouvernement français que je commande dans la place d'Anvers. Lui seul a le droit de fixer le terme de mes fonctions : aussitôt que le gouvernement sera définitivement et incontestablement établi sur ses nouvelles bases, je m'empresserai d'exécuter ses ordres. Cette résolution ne peut manquer d'obtenir l'approbation d'un prince né Français, et qui connaît si bien les lois que l'honneur prescrit. »

Après les événements de Paris, après la constitution d'un gouvernement provisoire, le ministre de la guerre, Dupont, envoya à Anvers un de ses aides de camp. Voici la lettre que Carnot lui écrivit à cette occasion :

15 avril 1814.

« Il faut le dire, monsieur le comte, l'envoi que vous m'avez fait d'un aide de camp portant la cocarde blanche est une calamité : les uns ont voulu l'arborer sur-le-champ, les autres ont juré de défendre Bonaparte ; une lutte sanglante en eût été le résultat immédiat dans la place même d'Anvers, si, sur l'avis de mon conseil, je n'eusse pris le parti de différer mon adhésion et celle de toute la force armée… On veut donc la guerre civile ; on veut donc que l'ennemi se rende maître de toutes nos places ; et parce que la ville de Paris a été forcée de recevoir la loi du vainqueur, il faut donc que toute la France la reçoive ! Il est évident que le gouvernement provisoire ne fait que transmettre les ordres de l'empereur de Russie. Qui nous absoudra jamais d'avoir obéi à de pareils ordres ? Quoi ! vous ne nous permettez pas seulement de sauver notre honneur ; vous devenez vous-même fauteur de la désertion, provocateur de la plus monstrueuse anarchie ! Les leçons de 1792 et de 1793 sont perdues pour les nouveaux chefs de l'État. Ils cherchent à surprendre notre adhésion en nous affirmant que Napoléon vient d'abdiquer, et aujourd'hui ils nous disent le contraire. Après nous avoir donné un tyran au lieu de l'anarchie, ils mettent l'anarchie à la place du tyran. Quand verrons-nous la fin de ces cruelles oscillations ? Paris ne jouit que d'un calme momentané ; calme perfide qui nous présage les plus horribles tempêtes. Ô jours d'affliction et de flétrissure, heureux sont ceux qui ne vous ont pas vus ! »

Les sentiments que Carnot avait su inspirer à la population d'Anvers sont connus du monde entier. Je ne puis résister cependant au plaisir de citer au moins quelques mots d'une lettre qui lui fut remise le jour où il partit pour Paris, après en avoir reçu ordre du gouvernement des Bourbons de la branche aînée, remontée sur le trône. Les autorités et les habitants du faubourg de Borgerhout, dont la destruction avait été résolue, et qu'il crut pouvoir conserver sans nuire à la défense, lui disaient :

« Vous allez nous quitter ; nous en éprouvons un chagrin mortel ; nous voudrions vous posséder encore quelques minutes ; nous sollicitons cette grâce insigne avec la plus vive instance... Les habitants de Saint-Willebrord et de Borgerhout demandent, pour la personne qui sera chargée de les administrer, la permission de s'informer, une fois l'année, de la santé du général Carnot... Nous ne vous reverrons peut-être jamais. Si le général Carnot se faisait peindre un jour, et qu'il daignât faire faire pour nous un double du tableau... ce précieux présent serait déposé dans l'église de Saint-Willebrord. »

Je ne commettrai pas la faute, Messieurs, d'affaiblir par un froid commentaire, des expressions si naïves, si touchantes !

CONDUITE DE CARNOT DANS LES CENT JOURS.

La conduite de Carnot dans les Cent-Jours me paraissait résumée tout entière et noblement dans ces paroles mémorables que Napoléon lui adressa après la bataille de Waterloo : Carnot, je vous ai connu trop tard !

Mais, comme j'écris une biographie et non un panégyrique, je dirai avec franchise que Carnot comme membre du gouvernement provisoire de cette époque subit l'influence malfaisante et antinationale du duc d'Otrante, ce qui l'entraîna à donner son adhésion à des mesures marquées au coin de la faiblesse, à des mesures sur lesquelles tout cœur animé de sentiments patriotiques désire jeter un voile épais.

Au surplus, peut-on trop vivement reprocher à Carnot de s'être laissé fasciner par les intrigues de Fouché, lorsqu'on voit Napoléon, malgré les soupçons les plus évidents de trahison, conserver cet homme dans son conseil.

Parmi des reproches adressés ostensiblement à Carnot sur cette période de nos annales, il en est un sur lequel je puis donner des explications personnelles. J'ai entendu blâmer vivement l'austère conventionnel d'avoir accepté certain titre de *comte de l'empire* : par bonheur, ma mémoire peut reproduire fidèlement quelques paroles de notre confrère qui éclairent ce point de sa vie, et qui me furent transmises le jour même par un officier qui les avait entendues.

On était à table, au ministère de l'intérieur. Une lettre arrive ; le ministre brise le cachet et s'écrie presque aussitôt : « Eh bien, Messieurs, me voilà *comte de l'empire !* « Je devine bien au reste *d'où le coup part.* C'est ma démission qu'on désire, qu'on demande. Je ne *lui* donnerai pas cette satisfaction ; je resterai, puisque je pense pouvoir être utile au pays. Le jour viendra, j'espère, où il me sera permis de m'expliquer nettement sur cette perfidie ; à présent, je me contenterai de dédaigner ce vain titre, de ne jamais l'accoler à mon nom et surtout de ne pas en prendre le diplôme, quelques instances qu'on me fasse. De ce moment, vous pouvez tenir pour certain, Messieurs, que Carnot ne restera pas longtemps ministre après que les ennemis auront été repoussés. »

J'aurais bien mal fait apprécier notre confrère, Messieurs, si ces paroles semblaient exiger plus de développements.

CARNOT DANS L'EXIL. — SA MORT.

De tous les ministres des Cent-Jours, Carnot fut le seul dont le nom figura sur la liste de proscription dressée le 24 juillet 1815 par la seconde Restauration. Que cette rigueur exceptionnelle ait été la conséquence de l'ardeur patriotique avec laquelle notre confrère voulait disputer aux étrangers les derniers lambeaux du territoire français, ou de sa persistance, malheureusement sans résultat, à signaler à l'Empereur le traître qui, sous la foi d'une ancienne réputation d'habileté, s'était introduit dans le ministère, sa gloire n'en sera pas ternie.

Déjà, dans la soirée du 24 juillet, Carnot avait reçu un passe-port de l'empereur Alexandre. Il ne s'en servit toutefois qu'en Allemagne. Obligé de voyager sous un nom supposé, il ne voulut au moins renoncer que le plus tard possible au titre de Français ; c'est donc comme Français qu'il traversa de nouveau et si tristement le grand fleuve jusqu'aux rives duquel il avait eu l'insigne honneur de porter nos frontières, et il se rendit à Varsovie.

Dans certain pays peu éloigné du nôtre, l'étranger est toujours accueilli avec cette formule sacramentelle : « Ma maison et tout ce qu'elle renferme sont à vous ; » mais il n'est pas rare, je dois le dire, qu'au même moment et d'un geste que les domestiques comprennent à merveille, le propriétaire improvisé soit pour toujours consigné à la porte de l'habitation qu'on venait de lui offrir si libéralement. La réception de Carnot en Pologne ne doit pas être rongée dans cette catégorie. Nos excellents amis les braves Polonais ne se bornèrent pas, envers l'illustre proscrit, a de simples formules de politesse. — Le général Krasinski lui porta le titre d'un majorat en terres de 8,000 francs de rente qu'il tenait de Napoléon ; le comte de Paç voulait lui faire accepter la jouissance de plusieurs domaines. Quoique Carnot ne fût pas franc-maçon, toutes les loges maçonniques du royaume firent une souscription qui produisit une somme considérable ; enfin, et de toutes ces offres qu'il refusa, celle-ci alla le plus droit au cœur de Carnot : un Français, pauvre lui-même, établi à Varsovie depuis longues années, alla un matin lui apporter dans un sac le fruit des épargnes de toute sa vie.

L'âpreté du climat de la Pologne, le désir de se rapprocher de la France, déterminèrent notre confrère à accepter les offres bienveillantes du gouvernement prussien ; il s'établit à Magdebourg, où il a passé ses dernières années dans l'étude, dans la méditation et en compagnie d'un de ses fils, dont il dirigeait l'éducation. C'était, Messieurs, un beau spectacle que de voir l'Europe entière, que de voir surtout les souverains absolus forcés, en quelque sorte, de rendre hommage à ce que la révolution française avait eu de grand, de noble, de saisissant, même dans la personne d'un des juges de Louis XVI, même dans la personne d'un des membres du *comité de salut public.*

Carnot mourut à Magdebourg, le 2 août 1823, à l'âge de soixante-dix ans.

PORTRAIT DE CARNOT. — ANECDOTES CONCERNANT SA VIE POLITIQUE ET SA VIE PRIVÉE.

Si l'*iconographie* n'est aujourd'hui considérée par personne comme une science futile, si des esprits très-distingués en ont fait l'objet des plus sérieuses études, il me sera bien permis de dire ici que Carnot avait une taille élevée, des traits réguliers et mâles, un front large et serein, des yeux bleus, vifs, pénétrants, un abord poli, mais circonspect et froid ; qu'à soixante ans on apercevait encore en lui, même sous le costume civil, quelque chose de la tenue militaire dont il avait pris l'habitude dans sa jeunesse.

J'ai envisagé, sous toutes ses faces, le conventionnel, le membre du comité de salut public, le membre du Directoire exécutif, le ministre de la guerre, l'ingénieur militaire, le proscrit, l'académicien. Cependant, plusieurs traits essentiels manqueraient au tableau, quelque vaste qu'il soit déjà, si je ne parlais encore de l'homme privé. Je ne m'écarterai pas, dans cette dernière partie de ma notice, de la route que je m'étais tracée ; je marcherai toujours la preuve à la main. C'est ainsi, je crois, qu'il faut louer un géomètre ; je me trompe, c'est ainsi qu'il faudrait louer tout le monde : en voyant combien l'honneur, le désintéressement, le vrai patriotisme, sont rares chez les vivants ; combien, au contraire, d'après les oraisons funèbres, d'après les inscriptions tumulaires, ils auraient été communs parmi les morts, le public a pris le sage parti de ne plus guère y croire, ni pour les uns ni pour les autres.

J'ai lu quelque part que Carnot était un ambitieux. Je ne m'arrêterai pas à combattre cette assertion en forme ; je raconterai, et vous jugerez vous-mêmes.

Le membre du comité de salut public qui, en 1793, organisait les quatorze armées de la République ; qui coordonnait tous leurs mouvements, qui nommait et remplaçait les généraux ; qui, au besoin, comme à Wattignies, les destituait pendant la bataille sous le canon de l'ennemi, n'était que simple capitaine du génie.

Lorsque, plus tard, le conseil des Cinq-Cents et le conseil des Anciens de la République de l'an III appelaient unanimement Carnot à faire partie du Directoire exécutif : lorsque, devenu une seconde fois l'arbitre suprême des opérations de nos armées, il envoyait Hoche dans la Vendée, Jourdan sur la Meuse, Moreau sur le Rhin, à la place de Pichegru ; lorsque, par la plus heureuse inspiration, il confiait à Bonaparte le commandement de l'armée d'Italie, notre confrère avait fait un pas, mais un pas seulement : il était devenu chef de bataillon *à l'ancienneté !*

Cet humble grade, Carnot l'avait encore quand le coup d'État du 18 fructidor le chassa de France.

Les idées si profondément hiérarchiques du premier consul n'auraient pas pu s'accommoder d'un ministre de la guerre chef de bataillon. Aussi, en l'an IX, n'éleva-t-il Carnot à ce poste éminent qu'après l'avoir nommé inspecteur général aux revues. C'était, au reste, tourner la difficulté plutôt que la lever. Le grade demi-militaire, demi-civil d'inspecteur aux revues, n'empêchait pas que, sous le gouvernement des consuls, le ministre de la guerre ne fût encore, dans l'arme du génie, simple chef de bataillon.

Carnot quitta le ministère le 16 vendémiaire an IX. Douze jours après, son successeur demandait qu'on plaçât le nom de l'illustre citoyen dans la liste qui allait être formée des généraux de division de l'armée française. Le rapport rappelait, en très-bons termes, et même avec une certaine vivacité, tout ce que notre confrère avait fait pour la gloire, pour l'indépendance nationales. Le ministre allait même, au nom de la *justice*, de l'*estime* et de l'*amitié*, jusqu'à invoquer la *magnanimité* des consuls : la magnanimité fit défaut ; on ne répondit pas au rapport, et le ministre démissionnaire resta dans son ancien grade.

En 1814, quand il fallut expédier les lettres de commandement du nouveau gouverneur d'Anvers, les commis de la guerre, pour écrire l'adresse, cherchèrent dans les contrôles les titres officiels de Carnot, et restèrent stupéfaits en voyant que l'empereur venait, sans s'en douter, de placer un chef de bataillon à la tête d'une foule de vieux généraux. Le service aurait évidemment souffert d'un pareil état de choses ; on sentit le besoin d'y remédier, et, à l'imitation de certain personnage ecclésiastique qui, dans la même journée, reçut les ordres mineurs, les ordres majeurs, la prêtrise et l'épiscopat, notre confrère, en quelques minutes, passa par les grades de lieutenant-colonel, de colonel, de général de brigade et de général de division.

Oui, Messieurs, Carnot avait de l'ambition ; mais, comme il l'a dit lui-même, *c'était l'ambition des trois cents Spartiates allant défendre les Thermopyles !*

L'homme qui, dans sa toute-puissance, ne songea seulement pas à se faire l'égal, par le grade, de ceux dont il dirigeait les vastes opérations, avait aussi dédaigné les faveurs de la fortune. Quand il rentra dans la vie privée, son faible patrimoine était à peine intact. Comment, avec les goûts les plus simples, avec une vive antipathie pour le faste et la représentation, Carnot n'arriva-t-il pas, sans même s'en douter, sinon à la richesse, du moins à l'aisance de ceux qui, comme lui, ont longtemps occupé de brillants emplois ? Quelques faits serviront de réponse.

Après le 18 brumaire, au moment de l'entrée de Carnot au ministère de la guerre, la solde des troupes, et, ce qui doit plus étonner, la solde des commis étaient arriérées de quinze mois. Peu de semaines s'écoulent, et tout est payé ; tout, hormis les appointements du ministre !

Les *épingles*, tel était jadis le nom d'une sorte de gratification destinée, en apparence, à la femme de celui avec qui un fermier, un négociant, un fournisseur venait de conclure une affaire publique ou privée. Quoique les épingles ne figurassent pas dans les conditions écrites, les contractants ne les regardaient pas moins comme obligatoires ; l'habitude, cette seconde nature, avait fini par les faire trouver légales ; les consciences les plus timorées se contentaient de n'en point fixer la valeur.

Un marchand de chevaux dont Carnot avait approuvé la soumission, alla, suivant l'usage, lui porter titre d'épingles une somme considérable : c'était, je crois, 50,000 francs. Le ministre ne comprend pas d'abord : au comité de salut public, où il avait fait son apprentissage, les fournisseurs se gardaient bien, en effet, de parler d'épingles ; tout s'explique enfin, et Carnot, loin de se fâcher, reçoit en riant les billets qu'on lui présente ; il les reçoit d'une main et les rend de l'autre comme un premier à-compte sur le prix des chevaux que le marchand s'était engagé à fournir à notre cavalerie, et en exige à l'instant le reçu.

Les factions, dans les plus violents paroxysmes de leurs fureurs, eurent la prudence de ne point attaquer dans Carnot l'homme privé ; jamais leur souffle impur n'essaya de ternir les vertus du fils, de l'époux, du père ; à l'égard du désintéressement surtout, amis et ennemis restèrent constamment d'accord. Je pourrais donc sur ce point m'en tenir aux deux traits que je viens de citer. Il en est un autre cependant qu'on doit désirer de sauver de l'oubli ; la mémoire de Carnot n'en aurait que faire, mais j'ai le faible espoir qu'en se le rappelant, certains ministres pourront être arrêtés dans leurs prodigalités, et certaines parties prenantes dans leurs exigences !

Après le 18 brumaire, les opérations projetées de l'armée de réserve exigeaient impérieusement que Moreau envoyât sans retard une de ses divisions à l'armée d'Italie.

L'intervention directe du ministre de la guerre ne sembla pas de trop pour conduire à bon port une négociation de cette importance. En exécution d'un ordre des consuls du 15 floréal an VIII, Carnot, accompagné de *six* officiers d'état-major, de *deux* courriers et d'*un* domestique, se rendit en Allemagne. Pendant la route, il inspecta les troupes échelonnées entre Dijon et Genève ; il parcourut ensuite les cantonnements du Rhin, visita les places fortes, arrêta avec le général en chef le plan de la future campagne, et revint à Paris. La trésorerie lui avait donné 24,000 francs. Au retour, il rendit 10,080 francs. Il craignait tellement que la dépense de 13,320 francs faite pour un long voyage de *dix* personnes ne parût trop forte, qu'il en fit le sujet d'un rapport détaillé, qu'il s'en excusait comme d'une prodigalité : On voudra bien remarquer, disait-il dans sa lettre aux consuls, que vous aviez désiré que je donnasse de l'éclat à ma mission ; que, dans les lieux principaux, j'ai dû, suivant vos ordres, m'imposer une certaine représentation ; qu'il entrait enfin dans le caractère de générosité dont vous êtes animés, que je donnasse des gratifications à mes compagnons de voyage et de fatigue ! » Veuillez vous rappeler, Messieurs, que le voyage, la représentation, les gratifications, s'étaient élevées, au total, à 13,320 francs ; n'oubliez pas que c'était un ministre inspectant des armées qui allaient décider du sort de la patrie qui parlait ainsi, et vous trouverez avec moi, je pense, que, si le monde se perfectionne, ce n'est certainement pas sous le rapport de l'économie.

La trésorerie ne savait comment porter en recette les 10,680 francs que lui restituait Carnot ; mais notre confrère n'en était pas à son coup d'essai : en remontant aux époques où il inspectait les armées républicaines comme représentant du peuple, les commis des finances trouvèrent dans leurs registres le protocole qu'ils cherchaient, et cela autant de fois que Carnot avait rempli de missions.

Le nom de Carnot se présenterait à ma pensée si, après tant d'exemples empruntés à l'histoire de tous les peuples, il restait encore à prouver qu'une âme ardente peut s'allier à des manières froides et réservées. Sans doute, personne n'eut jamais le droit de dire de lui, comme d'Alembert d'un des anciens secrétaires de notre Académie : *C'est un volcan couvert de neige* ; mais qu'il me soit du moins permis de montrer que les conceptions de notre confrère avaient souvent je ne sais quoi qui va droit au cœur, qui le touche, qui l'émeut, qui l'électrise : qu'elles étaient enfin frappées du cachet indéfinissable que ne portent jamais les œuvres des hommes sans entrailles, des hommes chez lesquels toutes les facultés se trouvent concentrées dans l'intelligence. Deux citations, et ma thèse sera prouvée.

Latour d'Auvergne, né de la famille de Turenne, ne donne pas même un regret, quand la révolution éclate, aux avantages de position qu'il va perdre ; l'ennemi menace nos frontières ; c'est aux frontières qu'on le voit aussitôt marcher. La modestie lui fait refuser tous les grades ; l'ancien capitaine reste obstinément capitaine. Afin de ne pas priver le pays des éminents services que le général

Latour d'Auvergne lui eût rendus, Carnot autorise les représentants du peuple à grouper ensemble toutes les compagnies de grenadiers de l'armée des Pyrénées-Occidentales, à en former un corps séparé, à n'y jamais placer aucun officier supérieur, à en écarter avec le même soin tous les capitaines plus anciens que Latour d'Auvergne ; et, par cet arrangement, le modeste officier se trouve chaque jour chargé d'un commandement important. Le nom de *colonne infernale* donné par les Espagnols à ce corps de troupes sanctionne bientôt d'une manière éclatante tout ce qu'il y avait d'anomal, d'inusité, d'étrange, dans la combinaison suggérée par Carnot et réalisée par les représentants.

Latour d'Auvergne, que vous connaissez maintenant, Messieurs, comme militaire, quittait pour la troisième fois sa retraite, ses chères études d'érudition, et demandait à servir sous Moreau, lorsque Carnot devint ministre de la guerre après le 18 brumaire. Déjà à cette époque, le premier consul n'eût certes pas approuvé une combinaison semblable à celle que les représentants conventionnels avaient adoptée sur les Pyrénées. Carnot, cependant, souffrait de voir que le chef de la colonne infernale, que celui qui comptait tant d'actions d'éclat, que l'estimable auteur des *Origines gauloises,* faut-il le dire aussi, qu'un correspondant de l'Institut, arriverait sur le Rhin comme le plus obscur combattant. Le titre de *premier grenadier de France* frappe son imagination ; Latour d'Auvergne en est revêtu par un acte officiel, et dès ce moment, sans quitter ses épaulettes de grenadier, il devint aux yeux des soldats l'égal, si ce n'est le supérieur des premiers dignitaires de l'armée.

Le premier grenadier de la République fut tué d'un coup de lance le 27 juin 1800, à la bataille de Neubourg. L'armée, la France tout entière, pleurèrent amèrement cette perte. Quant à Carnot, sa douleur profonde lui inspira une pensée que l'antiquité, d'ailleurs si idolâtre de la gloire militaire, pourrait nous envier. D'après un ordre émané de lui, lorsque la 46e demi-brigade était réunie, l'appel commençait toujours par le nom de Latour d'Auvergne. Le grenadier placé en tête du premier rang s'avançait alors de deux pas, et répondait de manière à être entendu sur toute la ligne : *Mort au champ d'honneur !*

L'hommage bref, expressif, solennel, qu'un régiment rendait ainsi chaque jour à celui qui s'était illustré dans ses rangs par le courage, par le savoir, par le patriotisme, devait, ce me semble, y entretenir cette excitation qui enfante les héros. J'affirme, en tous cas, que les nobles paroles de Carnot, répétées à la chambrée, au corps de garde, sous la tente, au bivouac, avaient profondément gardé le souvenir de Latour d'Auvergne dans la mémoire de nos soldats. « Où vont donc ces longues files de grenadiers, s'écriait l'état-major du maréchal Oudinot, lorsque, dans les premiers jours de vendémiaire an XIV (octobre 1805), l'avant-garde de la grande armée traversait Neubourg ? Pourquoi s'écartent-ils de la route qu'on leur a tracée ? » Leur marche silencieuse et grave excite la curiosité ; on les suit, on les observe. Les grenadiers allaient, Messieurs, près d'Oberhausen, passer avec recueillement leurs sabres sur la pierre brute qui recouvrait le corps du premier grenadier de France.

Je rends grâces, Messieurs, au vieillard vénérable (M. Savary) qui, témoin oculaire de la scène touchante d'Oberhausen, m'a permis de la tirer de l'oubli, et d'unir ainsi, dans un sentiment commun, l'admirable armée d'Austerlitz aux admirables armées républicaines. Je suis heureux aussi que des noms qui vous sont chers, que les noms de deux de nos anciens confrères, que les noms de Latour d'Auvergne et de Carnot soient venus occuper une si belle place dans ce patriotique souvenir !

Les grands emplois, comme les sommités élevées, donnent ordinairement des vertiges à qui y arrive brusquement. Celui-ci s'imagine devoir faire oublier, par le faste et la prodigalité, les années qu'il a passées dans la médiocrité ou la gêne ; celui-là devient dédaigneux et insolent, brutal, et se venge ainsi, sur les malheureux solliciteurs, des dédains, des arrogances, des brutalités qu'il subissait quand il était solliciteur lui-même. Des noms propres viendraient en foule se placer au bas de cette esquisse, si quelqu'un s'avisait d'en contester la fidélité. N'allez pas croire toutefois qu'en faisant si bon marché de certains parvenus, j'entende me constituer ici l'avocat du privilége ; je veux prouver, au contraire, par l'exemple de Carnot, que les âmes d'une certaine trempe savent résister à la contagion.

Six mois après le coup d'État du 18 fructidor, Carnot est officiellement accusé au conseil des Cinq Cents d'avoir eu, avec Pichegru, des relations fréquentes, intimes, à une époque où ce général, membre du Corps législatif, souillait par des intrigues sa brillante réputation militaire. Carnot nie ces relations. Il prouve d'abord que des entrevues secrètes n'auraient pas pu avoir lieu chez lui. « Je sens bien, ajoute-t-il, qu'on dira : Si ce n'est pas chez vous, c'est ailleurs. Eh bien ! je déclare que, pendant toute la durée de mes fonctions directoriales, *je ne suis pas sorti douze fois*, sans être accompagné de ma femme, de mes sœurs, de mes enfants ! »

Il est possible, Messieurs, qu'en France, qu'ailleurs, les gouvernants aient eu souvent cette simplicité, cette austérité de mœurs ; mais, je l'avouerai, le bruit n'en est pas venu jusqu'à moi.

Je viens de vous parler de l'homme ; voici maintenant le ministre.

Au combat de Messenheim (1800), près d'Inspruck, Championnet remarque l'audace, l'intrépidité du colonel Bisson, et demande pour lui, aux applaudissements de toute l'armée, les épaulettes de général de brigade. Les semaines s'écoulent, et le grade n'arrive pas. Bisson s'impatiente, se rend à Paris, obtient un rendez-vous du ministre, et, dans sa colère, l'apostrophe d'une manière brutale. « Jeune homme, lui répond Carnot avec calme, il est possible que j'aie commis une erreur ; mais vos inconvenantes manières pourraient, en vérité, m'ôter l'envie de la réparer. Allez, je vais examiner attentivement vos services. — Mes services ! Ah ! je sais trop bien que vous les méprisez, vous, qui du fond de ce cabinet, nous envoyez froidement l'ordre de mourir. À l'abri du péril et de la rigueur des saisons, vous avez déjà oublié et vous oublierez encore que notre sang coule, et que nous couchons sur la dure. — Colonel, c'en est trop ! Dans votre propre intérêt, notre entretien ne doit pas continuer sur ce ton-là. Retirez-vous. Votre adresse, s'il vous plaît ? Allez ! dans peu vous aurez de mes nouvelles. »

Ces dernières paroles, prononcées d'un ton solennel, dessillent les yeux du colonel Bisson. Il court chercher des consolations auprès d'un ami dévoué, le général Bessières. Celui-ci, au contraire, lui fait entrevoir un conseil de guerre comme la conséquence inévitable de son étourderie. En attendant, Bisson se cache. Un serviteur fidèle va, d'heure en heure, à l'hôtel chercher l'ordre de comparution tant redouté. Le paquet ministériel arrive enfin ; Bisson, tout ému, en déchire l'enveloppe. Le paquet, Messieurs, renfermait le brevet de général de brigade et des lettres de service !

À peine est-il nécessaire d'ajouter que le nouveau général vole aussitôt chez Carnot, pour lui offrir l'hommage de son admiration, de sa reconnaissance et de son vif repentir. Soin superflu, le général Bisson était consigné à la porte du ministère. Cette âme ardente à qui, malgré toute la sincérité de ses sentiments, la démarche coûtait un peu, prouva combien il avait apprécié la délicate sévérité de Carnot, et combien il en était digne, en publiant le soir même ces détails que Plutarque n'eût certainement pas dédaignés.

De toutes les qualités dont les grands hommes peuvent se parer, la modestie semble être la moins obligatoire ; aussi leur en tient-on le plus grand compte ; aussi laisse-t-elle des souvenirs durables. Qui, par exemple, ne sait par cœur cette lettre que Turenne écrivit à sa femme, il y a cent soixante-dix-neuf ans, le jour de la célèbre bataille des Dunes : « Les ennemis sont venus à nous ; ils ont été battus ; Dieu en soit loué. J'ai un peu fatigué dans la journée ; je vous donne le bonsoir, et je vais me coucher. »

Carnot ne s'oubliait pas moins que l'illustre général de Louis XIV, non-seulement dans ses relations intimes, mais encore quand il écrivait à la Convention. Je vous ai dit la part qu'il eut à la bataille de Wattignies ; eh bien, lisez le bulletin que lui inspira cet événement mémorable, décisif, et vous y chercherez en vain quelques mots qui rappellent les représentants du peuple ; à moins toutefois qu'on ne soit décidé à les voir dans ce passage : « Les républicains chargèrent la baïonnette en avant et demeurèrent victorieux ! »

Vous tous, au reste, qui avez connu Carnot, dites avec moi si jamais, sans une sollicitation directe, pressante, il consentit à vous entretenir des événements européens qu'il avait tant de fois dirigés. Justement jaloux de l'estime de la France, l'ancien directeur, pendant qu'il était exilé, répondit par écrit aux diatribes de ses accusateurs. Sa polémique, cette fois, fut vive, poignante, incisive ; on vit à chaque ligne qu'elle partait d'un cœur ulcéré. Toutefois la plus légitime irritation n'entraîna point notre confrère au delà du cercle que ses ennemis lui avaient tracé. Sa défense, dans quelques parties, pouvait bien ressembler à une attaque ; mais au fond, en y regardant de près, c'était encore de la défense. Carnot rejeta loin de lui la pensée de se créer un piédestal avec les immortels trophées qu'il avait moissonnés durant sa carrière conventionnelle ou directoriale. La modestie est de bon aloi, Messieurs, quand elle triomphe ainsi de la colère.

En matière de sciences, la réserve de l'illustre académicien n'était pas moindre. On eût dit, en vérité, qu'il réglait sa conduite sur cette réflexion du plus ancien, du plus ingénieux de vos interprètes : « Quand un savant parle pour instruire les autres et dans la mesure exacte de l'instruction qu'ils veulent acquérir, il fait une grâce ; s'il ne parle que pour étaler son savoir, on fait une grâce en l'écoutant. »

La modestie au surplus n'est une qualité digne d'estime et de respect que chez les individus isolés. Les corps, les académies surtout feraient une faute et manqueraient à leur premier devoir, si elles négligeaient de se parer devant le public des titres légitimes qu'elles ont à l'estime, à la reconnaissance, à l'admiration du monde. Plus elles sont justement célèbres, plus le désir de leur appartenir est vif, et plus les laborieux efforts qu'on fait pour atteindre le but tournent à l'avantage de la science, à la gloire de l'esprit humain. Cette pensée m'a encouragé, Messieurs, à dérouler à vos yeux, dans tous ses détails et dans son vrai jour, la vie si pleine, si variée, si orageuse de Carnot. Depuis bientôt deux siècles, l'Académie des sciences conserve religieusement le souvenir des géomètres, des physiciens, des astronomes, des naturalistes qui l'ont illustrée. Le nom du grand citoyen qui par son génie préserva la France de la domination étrangère, m'a semble devoir être inscrit avec quelque solennité dans ce glorieux Panthéon.

FIN DU TOME PREMIER.